모쪼록,
간결하게

다른 삶, 다른 상상

모쪼록,
간결하게

소비 대신 향유하는 핸드메이드 라이프

김혜형 글·그림

마북

머리말
저마다의 쓸모만큼 닳도록 쓰이길

1.

아무도 없는 조용한 집, 좁다란 뒷마루에 앉아 언니 오빠들이 쓰고 버린 공책 묶음을 풀어 뒤적이던 열 살 아이가 생각난다. 한 학년을 마친 공책에는 반드시 빈 면들이 있게 마련이라, 그것만 뜯어내 모아도 공책 한두 권 분량이 되었다. 언니 오빠들이 고등학생, 대학생인 데다 교과목도 많아서 '수확물'이 쏠쏠했다. 양면이 모두 깨끗한 종이는 모아 공책을 만들고, 한쪽 면에 필기가 된 종이로는 연습장을 만들었다. 한 묶음씩 스테이플러로 찍은 뒤, 헌 교재의 면지를 뜯어 풀칠해 표지를 씌웠다. 기울어 가는 겨울 햇살을 받으며 한나절을 꼼지락거린 끝에 공책 두세 권을 완성하고 뿌듯해하던 기억이 지금도 생생하다. 버리는 걸 되살려 쓰는 즐거움을 그때 알았을까.

어린 시절, 뭔가를 갖고 싶어 애태웠던 기억이 별로 없다. 언니들이 입던 옷을 물려받아 입는 것을 당연하게 여겼고, 형편에 맞지 않는 물건은 욕심내지 않았다. 검소하고 도덕적인 부모님과 터울이 많이 지는 언니 오빠들의 보살핌 속에서 심리적 결핍 없이 자랐다. 친구들이 버린 몽당연필을 볼펜 껍데기에 끼워 쓰며 흡족해하던 아이가 나였다. 학교에서 상으로 받은 새 공책, 새 필통, 새 연필이 많았음에도 새끼손가락 마디보다 작은 몽당연필을 버리지 못했다. 버림받은 물건의 잔명에 대한 애착이었을 것이다. 나는 낭비를 부끄럽게 여겼고, 무의미하게 버려지는 작은 것들에 마음이 쓰였다.

어려서는 잔병치레가 잦아 아버지의 염려를 자주 들었고, 어른이 되어서도 여전히 작고 빈약하여 평생 도시에서 책상물림으로 살 줄 알았는데, 인생이란 참 알 수 없다. 과거와는 다르게 살아 보겠다는 열망 하나로 도시를 떠났는데, 새로운 터전에 삶을 재배치하자 내가 변하기 시작했다. 낯선 땅에 뚝 떨어진 후, 애초에 내 안에 있는 줄도 몰랐던 씨앗이 햇살을 받고 물기를 빨아들이며 발아하기 시작한 것이다. 잊고 있던 내가 깨어나고, 몰랐던 내가 드러나고, 내 몸과 손이 가진 가능성이 확장되었다. 신기한 일이었다.

시골살이는 무력한 작은 인간을 학습시키고 진화시켰다. 도시에 살 때는 응당 주어지던 온갖 서비스와 손쉽게 찾을 수 있던 각종 외주처가 눈앞에서 셔터를 내리고 나니, 형광등 하나 갈아 끼워 본 적 없는 사람이 각종 사건 사고의 최전선에 뛰어들어야 했다. 문제 해결의 주체는 나였고, 기댈 곳은 없었다. 아니, 기대고 싶지 않았다. 기왕 이렇게 된 것, 몰랐던 영역을 배우고 필요한 도구를 익히며, 도전하고 해결하며 살아 보기로 했다. 잊고 있던 손의 감각을 일깨우고 내가 무엇을 할 수 있는지 알아 가는 과정이었다. 이 책은 그에 관한 이야기이다.

2.

책의 내용을 세 개의 카테고리로 구성하였다. 1부는 '집'에 관한 이야기이다. 신도시 아파트에 살던 평범한 직장인이 이제부터 달리 살아 보겠다고 무작정 찾아 들어간 시골 셋집에서 하루가 멀다 하고 돌발 상황이 터진다. 우왕좌왕, 좌충우돌 끝에 '사람 부르지 않고 직접 해결하기'라는 생존형 미션을 수행해 간다. 책상물림이 현장의 해결사로 거듭나는 과정이다. 셋집에서의 혹독한 경험을 반면교사 삼아 첫 번째 집을 설계해 짓고, 남도로 귀농한 후에는 작은 집 두 채를 직영으로 완성한다. 헛간과 뒷간 등 외부 공간을 직접 세우고, 야외 수도를 설치하고, 실내 붙박이 가구도 내 손으로 만든다.

2부는 '물건'에 대한 태도이다. 키보드를 두드리는 일 말고는 내 손이 할 수 있는 게 무엇인지 몰랐던 도시내기가 '머리에서 손으로' 무게 중심을 옮긴 이야기이기도 하다. 어지간한 일은 남에게 의존하지 않고 내 힘으로 해내며, 필요한 물건도 가능한 한 내 손으로 만든다. 옷을 사지 않은 지 십수 년째다. 만들어 입거나 고쳐 입고, 때로는 얻어 입는다. 패스트 패션 산업이 양산하는 의류 쓰레기 물살에 묵묵히 저항 중이다. 자투리나 폐자재, 버려질 물건을 재사용하는 일은 무척 즐겁다. 내가 만드는 물건은 실용과 창작의 경계에 있다. '상품'도 아니고 '작품'도 아니고, 다만 '쓸모'에 부응한다. 재료가 폐품이더라도 결과물은 내 눈에 아름다워야 한다. '눈의 즐거움'도 '쓸모의 효용' 못지않게 중요하기 때문이다.

구입한 전자 제품과 생필품은 끝까지 쓰려고 애쓴다. 너무 많이 생산하고, 너무 많이 소유하고, 너무 많이 폐기하는 세태가 마음 불편해서다. 신상품과 쓰레기 사이의 사이클이 짧아 현기증이 날 지경이다. 나는 얼리어답터의 시소 반대편에 앉은 슬로어답터다. 물건의 중복 소유가 싫어 소비를 자제하지만, 일단 인연을 맺은 물건과는 끝까지 함께한다. 설레는 새 애인을 찾아다니기보다 묵은 우정에 예의를 다한다고 할까.

한때 유행했던 '미니멀 라이프'에는 공감과 반감의 양가감정을 느낀다. 잡지에 실린 텅 비다시피 한 하얀 거실 사진에서 복잡하고 어수선한 일상에 허덕이는 대중을 겨냥한 영리한 '정서 마케팅'이 감지된다. 일본식 정원처럼 깨끗하게 비워진 집의 이면에 감춰진, 번거롭고 구질구질하고 땀내 나는 노동의 외주처가 떠오른다. "설레지 않으면 버려라."라고 말하는 곤도 마리에식의 부추김도 신뢰하지 않는다. 극단적 폐기가 불러올 극단적 허기의 반작용이 뻔히 보여서다. 설렘이라는 감정은 과연 믿을 만한가? 자신을 선택한 인간을 설레게 하지 못해서 멀쩡히 쓰레기통으로 들어간 물건들의 운명은 뭔가.

3부는 '선물'과 '사람'에 대한 이야기이다. 타인과 관계 맺는 방식이나 마음을 전하는 선물의 내용이 과거와는 완전히 달라졌다. 도시의 직장인일 때 나의 선물은 현금 봉투 또는 백화점에서 구입한 상품이었다. 지금 나는 몸과 마음과 시간을 들여 만든 것으로 선물 상자를 꾸린다. 농사지은 쌀과 밭작물, 채취한 봄나물과 죽순, 톱질해 만든 가구, 흙으로 빚은 도자기, 손수 바느질한 옷과 가방……. 내 인생의 나날과 몸의 노동을 차곡차곡 담아 사랑하는 이들에게 건넨다. 마음을 주는 일은 일방적이지 않아서, 그들 역시 인생의 한 조각을 떼어 내어 벅차도록 내게 안긴다. 그들이 준 정성스러운 선물은 내 몸과 마음에 스며들어 나를 좀 더 나은 사람으로 만든다.

3.

"이렇게 훌륭한 인재가 하마터면 도시에서 썩을 뻔했네!" 시골살이에 필요한 온갖 물건을 만들고 별별 일을 꼼지락꼼지락 해내는 나를 보고 이광식 선생께서 우스갯소리로 하신 칭찬이다. 선생은 아마추어 천문학자로, 『천문학 콘서트』를 비롯해 여러 권의 천문학 책을 쓰셨다. 어린아이 같은 천진함과 광활한 우주적 시선을 함께 지닌 그분을 나는 오라버니라 부르며 좋아한다. 그분의 칭찬이 내 어깨를 으쓱하게 한다. "맞아, 난 도시에서 돈만 벌며 썩긴 아까운 사람이야!"

시골로 오지 않았다면 나는 어찌 살고 있었을까. 좀처럼 상상이 되지 않는다. 도시에서 20여 년을 더 살았을 가정 속의 '나'는 이미 '나'가 아니다. 몸과 마음은 거처와 분리될 수 없다. 내가 이런 방식으로 살고 이런 책까지 쓰게 된 것은, 20여 년 전 '그 여자'가 제 몸을 새로운 거처로 옮겼기 때문이다. 그 행위로부터 삶이 달라졌고 운명이 바뀌었다. 그때는 미래를 예측하지 못했다. 거역할 수 없는 충동으로 삶의 관성에 브레이크를 걸었고, 일단 방향을 튼 후에는 다가오는 물결에 몸을 실었을 뿐이다.

나이 들수록 고통에 민감해진다. 동물들이 겪는 고통, 인류가 저지르는 폭력, 훼손되는 자연 앞에서 슬픔과 무력감을 느낀다. 자연으로부터 온 것이 자연으로 돌아가는 과정이 조금이라도 덜 폭력적이길 간절히 바란다. 나는 엄정한 환경주의자가 아니고 행동하는 실천가도 못 되지만, 이런 삶이라도 쓸모가 있다면 고통과 폭력과 훼손을 최소화하는 쪽에 얹히는 작은 무게 추가 되고 싶다. 새것을 덜 소비하고, 이미 가진 것을 잘 누리고, 기왕 세상에 나온 것들이 제 몫을 다하게 하고 싶다. 저마다의 쓸모만큼 닳도록 쓰이길, 나 역시 한몫을 다해 잘 쓰이다 가기를 소망한다.

"쓴맛이 사는 맛"이라고 채현국 어른께서 말씀하셨다. '단맛'에만 빠져 살면 단맛을 알 리 없겠지. 단맛과 쓴맛을 고루 맛보고, 머리와 손을 고루 쓰고, 사유와 노동을 고루 오가며 사는 지금이 좋다. 문서에 파묻혀 살던 사람이 삽과 호미, 톱질과 바느질로 삶의 내용을 바꾼 지 20여 년, 자연과 인생과 사물에 대한 관점과 태도가 안정화되고 있다고 스스로 느낀다. 머리와 손이, 생각과 행위가 비로소 순연히 보조를 맞춘다. 먼 여행 끝에 본래의 자리로 돌아온 느낌이다.

남은 시간도 잘 살아야겠다. 모쪼록 간결하게.

차례

머리말 저마다의 쓸모만큼 닳도록 쓰이길 5

시간이 쌓이는 집

1. 집, 상상을 현실로 19
집을 상상하다 26 | 박차카는 아티스트 30 | 작은 집 두 채 36 |
한몫의 일꾼 42 | 고갈과 충만 47 | 고양이 화장실 52 |
나의 퀘렌시아, 다락방 60

2. 집의 부록 67
대문을 만들다 73 | 뒷간이 필요해 79 | 야외 수도 설치 82 |
정원용 헛간 88 | 자투리 아트, 우체통 91 | 새들에게 둥지를 94

3. 막막과 만만 사이 97
일당을 벌다 102 | 특별함을 얻다 108 | 긴장감을 견디다 112 |
타일을 뚫다 117

손이 좋아하는 일

4. 따뜻한 나무 127
침대 옆 협탁 132 | 서랍이 달린 책장 135 | 물고기 손잡이 수납장 138 |
별채를 도서관처럼 143 | 비닐봉지 보관함 147 | 나를 위한 행거 150

5. 형상의 기억 153
액막이 북어 159 | 아기 반가사유상 163 | 우울한 초상 168 |
피노키오의 코 170 | 드로잉 충동 175

6. 헌 옷의 시간 185
첫 바느질, 퀼트 193 | 옷을 짓는 일 196 | 기분 좋은 재생 202 |
자투리의 힘 209 | 마스크 만들기 213 | 알뜰살뜰 발 매트 217

7. 쓸모라는 말 223
폐가구로 만든 보조 싱크대 230 | 옷장이 된 책장 234 |
의자의 소생 238 | 폐타이어 모탕 243 | 동백꽃 시계 246 |
깨진 후 웃다 248

인생이 담긴 선물

8. 떼어 주다, 내 인생의 일부 253
블록 장난감 상자 258 | 커플 식탁 매트 262 | 그녀의 긴 의자 265 |
봄맛 나누기 269 | 향유의 그릇장 273

9. 물려받다, 그의 인생 한 조각 279
큰언니의 가방 284 | 선생님의 탁자 288 | 영희 씨의 조끼 292 |
고모의 목걸이 297 | 향유의 선물 304

시간이 쌓이는 집

1.
집, 상상을 현실로

좋은 시절은 다 갔다.

지금까지 내가 누려 온 당연한 일상이 얼마나 외부 의존적이었는지 알겠다. 공기처럼 물처럼 자연스럽던 일상이 턱, 턱 돌부리에 걸려 고꾸라진다. 드디어 도시를 떠났다며 희희낙락하는 철딱서니 없는 도시내기에게 시시때때로 딴지를 걸어오는 건 시골살이 첫 집이다. 산 아래 셋집은 그동안 한 번도 만나지 못했던 온갖 사건 사고를 내 앞에 들이민다. 혹독한 신고식을 치러 주기로 작정한 모양이다. '관리실 따윈 없어. 네가 알아서 해결해. 이래도 시골이 좋아?' 집이 온갖 방법으로 말을 쏟아 낸다. 그것도 매우 불친절하게.

셋집은 북향집이다. 남쪽으로 산을 등지고 있어 하루 종일 햇볕을 구경하기 어렵다. 시멘트 블록으로 지어진 집이라 벽체 단열

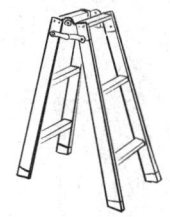

도 거의 되지 않는다. 유리창과 창틀 사이 빈틈으로 황소바람이 들어온다. 한 달에 기름이 두 드럼이나 들어가는데도 한겨울 실내 온도는 고작 10~11℃, 입을 열면 입김이 폭폭 새어 나온다.

아침에 문밖을 나서니 대야의 물이 꽁꽁 얼어 있다. 다행히 수도는 얼지 않았다. 외부 수도를 얼지 않는 급수전으로 바꾸고 지하수 모터에 동파 방지 열선을 감아 둔 덕이다. 문과 창문의 벌어진 틈새를 투명 문풍지로 틀어막고, 거실 바닥에는 카펫과 담요를 여러 겹 깐다. 집 안에서 패딩 점퍼를 껴입고 양말 위에 두툼한 덧신까지 신어도, 추워서 온몸에 힘이 잔뜩 들어간다. 남편은 독감으로 열이 펄펄 끓어 이불을 돌돌 만 채 사흘을 앓다가 퀭한 눈으로 출근한다. 나는 인터넷으로 전기요를 주문한다.

아파트에 살 때는 겨울이 오든지 가든지 신경 쓰지 않았다. 아

파트는 일정하게 따뜻했고, 문제가 생기면 관리실에 연락하거나 전문가를 부르면 그만이었다. 나는 집의 소유권자이지 관리자가 아니니까. 집은 대기업으로부터 구입한 고가의 상품이었고, 관리비를 내고 있으니 서비스 요구는 당연한 내 권리였다. 집의 속살을 알 필요도, 집에서 발생한 문제를 책임질 이유도 없었다. 하루 중 절반을 집 밖에서 돈을 버는 데 사용했으니 나머지 절반은 집이라는 둥지에서 쉬어야 했다. 집은 고단한 주인을 쉬게 하는 곳이지 부려 먹는 곳이어선 곤란했다. 나는 공동주택의 프로세스 안에서 안정감을 느꼈다. 내 집과 수백 수천의 남의 집 구조가 똑같다는 사실이 조금도 이상하지 않았다.

도시의 아파트에서 시골의 단독 주택으로 옮겨 오자 집에 관한 일체의 서비스가 사라졌다. 문제를 해결해 줄 외주처도 없다. 돌발 상황은 꼬리에 꼬리를 물고 발생한다. 수도가 얼어서 물이 안 나오고, 지하수 모터가 멈추고, 분전함의 차단기가 내려가고, 보일러 물통이 끓어 넘치고, 인터넷은 수시로 먹통이 된다. 자고 일어나면 문제가 터지고 그때마다 머릿속이 하얘진다. 어떻게 해결해야 하나? 출구 없는 생존 게임에 휘말린 기분이다.

사람을 불러야 하나? 어디로 연락하지? 이 시간에 와 줄까? 전전긍긍하는 일이 반복된다. 문제 상황에 딱 맞는 해결사를 찾기도 어렵지만, 막상 사람이 와도 부품이 없다는 둥 제조사에 알아보라는 둥 시일이 지체된다. 나는 문제의 원인을 직접 들여다보기로 한다. 동일한 문제에 거듭 처했을 때 내 힘으로 대처할 수 있기를 바란다. 남의 손을 빌리기 싫어하는 성미 탓도 있지만, 어려운 전문 영역이 아니라면 집의 기본적인 유지 관리 정도는 스스로 해내고 싶다. 낯선 이를 대하는 피로감도 없고, 출장비도 들지 않는 데다, 문제를 해결할 때마다 차곡차곡 쌓이는

1. 집, 상상을 현실로

자신감이 아주 짜릿하다. 아이들이 게임 아이템을 얻어 레벨 업 하는 기분이 이런 걸까?

어려운 상황에 맞닥뜨려 당황스러울 때 필요한 건 '약간의 시간' 이다. 잠시 숨을 고르고 문제 해결의 통로를 찾아보는 시간. 천생 문과인 내가 설비나 전기, 건축과 단열에 대해 뭘 알겠나. 하지만 미로 찾기라면 흥미가 있다. 늘 그런 건 아니지만 의외로 쉽게 길이 보이기도 한다. 끝내 보이지 않는다면 전문가를 찾아야겠지만 말이다.

나의 시골살이 첫 집은 일상의 원활한 흐름이 느닷없이 끊기는 당혹스러운 상황에 나를 내던짐으로써 멀티플레이어로 거듭날 학습의 기회를 제공해 주었다. 그뿐만 아니라 곳곳에서 터지는 문제를 통해 집의 역할은 무엇이고, 어떻게 지어져야 하는가를 제대로 가르쳐 준 건축의 반면교사였다. 나라는 생물체의 기술적 진화에 큰 스승이 되어 준, 그리고 앞으로 내 손으로 지을 집에 대한 사고의 토대가 되어 준, 고맙기 이를 데 없는 시골살이 첫 집이었다.

진짜 좋은 시절은 그때부터 시작되었다.

집을 상상하다

집에 대한 상상이 몽글몽글 피어오른다. 경량 목구조 주택에 관한 특강을 듣고, 관련 책을 구입해 읽는다. 잡지에 실린 전원주택 사진을 눈요기하고, 도서관에서 빌린 주택 설계 도면집을 샅샅이 훑고, 세계적인 건축가들의 건축책을 게걸스럽게 탐독한다. 눈높이는 한없이 높아지고, 마음은 둥둥 뜬다. 내 집을 직접 설계하겠다는 꿈을 실현할 날이 머지않았다.

셋집 전세 기간이 끝날 즈음, 산 아래 양지바른 빈터를 동네 사람에게서 샀다. 그동안 머릿속으로만 상상해 온 집을 지상에 현실화할 시점이다. 온라인과 오프라인을 통해 참고할 만한 주택 설계 도면을 있는 대로 수집해 들여다본다. 수집한 도면 중 하나를 콕 집어 똑같이 지을 생각은 없지만, 재밌는 아이디어는 참고용으로 기록해 둔다. 다양한 구조와 외관을 가진 집들이 내 머릿속에서 수없이 지어지고 수시로 자리바꿈한다. 지금까지는

집이 들어앉을 빈터를 바라보고 있으면
무성한 잡초 위 허공에 상상의 집이
올라간다. 집 둘레에 유실수를 심고
정원과 텃밭도 가꿔야지.
생각만 해도 가슴이 뛴다.

기성의 공간에 나를 맞추며 살았지만, 이젠 나를 중심에 놓고 공간을 내게 맞출 것이다. 유명한 건축가나 설계 전문가는 필요 없다. 내 거처가 어떤 공간이 되어야 할지 가장 잘 아는 사람은 바로 나다.

처음 도면을 그릴 땐 온갖 공간이 다 필요해 보인다. 열댓 번쯤 그리다 보면 필요한 공간은 줄거나 합쳐지고, 애초의 욕심도 쪼그라든다. 내가 지을 집은 내 경제력의 한도 내에 있다. 집의 설계는 공간의 평면 분할에 그치는 것이 아니다. 외벽과 내벽의 두께, 창문의 방향과 크기, 빛의 각도와 통풍, 문을 여닫는 방향, 욕실 바닥의 높낮이, 다락방으로 올라가는 계단의 배치, 보일러실과 세탁실의 동선 등을 계산한 삼차원의 복합적 설계다. 방안지 위에 설계도를 그리고 고치고 버리기를 반복한다. 수십 채의 집을 종이 위에 짓고 부순 끝에 공간의 기본 구성이 완성된다. 비효율적인 부분을 최소화하고 일상의 동선을 고려해 삶의 공간을 시뮬레이션하는 일은 무척 흥미롭다.

완성된 최종 도면은 27평이다. 평면도와 입면도를 방안지 위에 축척을 맞춰 그린다. 내가 그린 종이 위의 집을 설계 사무소에 전해 캐드 도면으로 바꾸고 인허가 절차를 진행한다. 건축 구조재도 결정해야 한다. 철근 콘크리트로 할지, 경량 목구조로 할지, 아니면 경량 스틸구조로 할지 결정하기 위해 건축비와 시공

법, 단열과 하자 가능성 등등을 따져 본다. 기본 구조재를 결정하면 그에 따라 나머지 자재도 연동되어 정해진다. 집 평면도를 여러 장 복사한 후, 조명이 올라갈 자리, 콘센트와 스위치가 놓여야 할 자리를 색색의 점으로 표시한다. 이 도면은 나중에 전기 설치 작업자에게 드릴 것이다. 말로 전하는 복잡함을 평면도 한 장으로 깔끔하게 해결한다.

설계부터 완공까지 놀이하듯 즐긴다. 남들은 집 한 채 짓는 동안 10년씩 늙는다는데, 나에겐 집 짓기가 세상에서 제일 재미있는 일이 된다. 한 권의 책을 만들듯, 하나의 작품을 빚듯, 나의 감각과 아이디어를 다 쏟아 넣는다. 상상을 현실로 구현하고 무질서한 것에 질서를 부여하는 과정에 긴장과 희열이 넘친다. 머릿속 구상이 손에 만져지는 형태로 변할 때의 고양감과 성취감이라니!

박차카는 아티스트

큰 틀부터 세부적인 내용까지 건축 전 과정을 상의하고 맡길 파트너의 중요성은 두말할 필요가 없다. '박차카'를 만난 건 나의 인복이고 행운이다. 박차카는 절친한 이웃 향유 님의 소개로 만난 건축업자 박 사장님의 별명이다. 젊은 시절 강화의 건달계를 주름잡았던 분으로, 건달 세계를 단호히 떠나며 남은 이들에게 "착하게 살아!" 일갈함으로써 '박차카'란 별명을 얻었다고 한다. 그를 알면 알수록 그에게 딱 맞는 별명이라는 생각이 든다. 툭툭 내뱉는 투박한 언변, 절반은 알아듣기 힘든 노가다 어휘, 군더더기 싹둑 잘라 낸 상황 묘사, 굵직굵직한 몇 마디로 핵심 꿰뚫기. 직선적이되 공격적이지 않은 그의 어법이 신선하다.

매일 건축 현장에 나가 집이 지어지는 모든 과정을 박차카와 함께 의논하고 결정한다. 5월 1일 노동절에는 좀 쉬시려나 했는데 평소와 다름없이 박차카와 목수님이 아침 일찍 현장에 나오신다. "노동절에도 일하세요?" 물으니 박차카께서 심드렁하게 대꾸하신다. "우린 노동절에 안 쉬어요. 우린 노동자가 아니에요." "노동자가 아님, 뭐 자본간가요?" 되묻자 돌아온 대답. "아티스트지요!" 다 같이 한바탕 웃는다.

'아티스트'는 못 말린다. 박차카께서 이리 좀 와 보라고 하시기에 쫄래쫄래 따라가니, 공사 중인 거실 천장을 가리키며 아무래도 서까래를 만들어야겠다고 하신다. 애초 계약으로는 천장에 도배만 하기로 했는데 말이다. 평당 건축비를 정하는 방식의 계약이라서 건축비 총액은 이미 정해져 있다. 업자 입장에서 이익을 남기려면 자재의 품질을 다소 낮추거나 공정을 줄이는 편이(최소한 추가 공정을 만들지 않는 편이) 최선일 테다. 하지만 박차카는 반드시 평균 이상의 자재를 쓰고 인력도 베테랑만 고집하신다. 본인이 책임을 맡은 건축물에 하자가 생겨선 안 된다는 게 그의 철학이고 자존심이다.

기둥보 구조의 한옥에서는 서까래가 지붕을 떠받치는 구조재로서 중요한 구실을 하지만, 철근 콘크리트 구조로 짓는 우리 집에는 서까래가 필요치 않다. 박차카가 만들고 싶은 것은 서까래 모양의 천장 인테리어다. 거실 천장이 높고 넓으니 도배만으로는 밋밋하고 허전해 보일 거라는 것이다. 이것은 감각과 만족도의 문제, 즉 아티스트의 영역이다.

1. 집, 상상을 현실로

"아유, 서까래 안 하셔도 돼요. 뭐하러 자재비와 인건비가 더 드는 걸 하려고 하세요. 전 괜찮아요."
"아, 돈 더 달라고 안 할 테니까 내 말 좀 들어 보세요. 서까래를 해 놓으면 웅장하고 좋아요. 내부는 한옥 같아 보이고요. "
"전 웅장한 거 안 좋아하는데……."
"이 집은 천장이 높아서 그냥 도배만 하면 진짜로 짓다 만 것 같다니까요. 내 알아서 해 버리려다가 나중에 딴소리 들을까 봐 말씀드리는 거예요. 허락받으려고 하는 게 아니라 통보해 드리는 거예요. 저 고민 많이 했시다."
이토록 열정적인 아티스트의 의욕을 어찌 꺾겠는가. 나는 웃으며 두 손을 든다.
"네네, 그러셔요. 박 사장님 알아서 하셔요."
박차카께서 못을 박듯 한마디 하신다.
"해 놨는데 맘에 안 드시면 다 뜯어내 드리리다."

작업 팀이 들어와 '웅장한 서까래'를 만들기 시작한다. 한옥의 서까래를 본떴지만 실제 통나무는 아니다. 그만한 하중을 천장이 견딜 리 없다. 원통형의 가벼운 소재를 서까래 모양으로 천장에 고정한 후, 표면 질감을 살려 페인트를 칠한다. 뒤이어 들어온 도배 팀은 서까래 사이사이에 도배지를 정밀하게 붙이느라 작업 시간이 두 배로 늘어난다. 높다란 삼각형의 박공지붕 천장에 진한 갈색 서까래가 들어서니 집의 감각과 완성도가 확

집이 들어설 자리에 말뚝을 박고
끈으로 경계를 표시한다.
50m 대형 줄자를 쥐고
총지휘하는 박차카.

'웅장한 서까래'는 박차카의 선물이다.
"이 집에서 거실 천장이
제일 높잖아요. 도배만 하면
진짜 허전하고 싱겁다니까요."

실히 다르다. 감탄하느라 입을 못 다무는 나를 향해 박차카께서 흡족한 듯 한마디 툭 던지신다. "업자의 선물입니다."

박차카는 외주 업체와 작업할 때 반드시 '당일 지불'을 원칙으로 한다. 결제를 미루기 일쑤이고 어이없이 돈을 떼이는 일도 다반사인 공사 현장에서 그의 원칙은 아름답기까지 하다. 최고의 실력을 가진 기술자들은 박차카를 신뢰하고 박차카의 호출에 만사 제쳐 두고 달려온다. 이 상호 신뢰가 일정을 차질 없이 진행시킨다. 집 짓는 과정은 내게 특별한 수업이다. 베테랑 기술자들의 완성도에 대한 까다로운 기준, 직업인으로서의 자존심 앞에서 절로 존경심이 든다. 원청이 하청을 대하는 예의, 사람 간의 신뢰와 존중과 협력을 박차카에게 배운다. 집 짓는 과정이 즐거우니 새참을 챙기는 일에도 마음을 다하게 된다. 사람 사이의 진정성은 계산보다 우선한다는 것을 깨닫는다.

완공 후 연장을 챙겨 떠나며 "내 집을 남한테 준 것처럼 아쉽네요." 하시더니, 추석과 설날 무렵이면 어김없이 선물을 들고 나타나셨다. 처음엔 엉겁결에 받았는데, 그 후로는 우리도 미리 명절 선물을 준비했다. 남도로 이사하던 날, 박차카께서 자기 집 마당의 어린 소나무 한 그루를 캐 오셨다. 그의 마지막 선물을 이삿짐 트럭에 싣고 와 집터의 앞마당에 심었다. 수년이 지난 지금, 잘 자란 소나무의 자태가 박차카처럼 굳건하다.

작은 집 두 채

박차카께서 지어 주신 강화 집에서 10년을 살았다. 남편이 퇴사한 후 본격 귀농을 하면서 그 집을 팔고 남도로 내려왔다. 내 생애 두 번째 집이자 아마도 마지막이 될 집은 직영으로 짓겠다고 마음먹었다. 직영으로 집 짓기란 건축 전 과정을 우리가 직접 진행하고 통제한다는 의미다.

두 번째 집 설계의 대원칙은 '작은 집 두 채'다. 앞서 지었던 강화 집은 바닥 면적 27평에 다락방이 있고, 창고형 다용도실과 화목 보일러실이 추가로 덧붙은 구조였다. 세 식구 살기에는 적당했지만, 아이가 기숙형 고등학교로 떠나자 우리에게는 너무 큰 집이 되었다. 집이 크니 겨울철 화목 보일러 땔감 부담도 컸다. 무엇보다 친지나 친구들이 방문했을 때 술자리와 잠자리가 분리되지 않는 점이 큰 스트레스였다. 도시의 아파트에서는 초대받은 손님들이 숙박까지 하는 경우가 드물지만, 시골집에서는 손님들이 일박을 하는 경우가 많다. 사람이 많으면 거실에도 이불을 펴고 자야 하는데, 숙취로 누운 사람들 옆에서 아침 식사를 준비한다고 달그락거리기가 조심스럽다. 손님들도 마음 놓고 늦잠을 못 자니 불편할 것이다. 그때 결심했다. 다시 집을 짓는다면 반드시 두 채를 지을 거야!

30평 이내로 제한되는 농가 주택 기준에 맞춰, 본채 16평 별채 13평으로 설계한다. 우리는 16평 본채에서 기거할 것이다. 예전 집의 절반 크기로 줄이는 만큼 겨울철 난방도 최소화하고 전기 요금 등 생활 경비도 줄일 수 있다. 별채는 손님용이다. 지인들이 놀러 오면 펜션처럼 내어 주고, 나는 접대의 부담을 덜 것이다. 밤늦은 술자리를 피할 수 있다는 점은 덤이다. 멀리 사는 아들이 방문하거나, 후일 짝을 만나 제 식구를 데려오면 별채에서 편히 지내게 할 생각이다. 며느리도 나도 한 공간에서 서로 불편함을 감수하며 조심할 필요가 없다. 1년에 서너 번 방문하는 자녀와 손자를 위해 방이 여러 개 딸린 큰 집을 짓고 후회하는 이들을 많이 보았다. 사용하지 않는 빈방이 잡동사니 창고가 되고, 난방비와 청소 부담도 크다고 했다. 나는 늙어 갈수록 공간과 살림과 의무를 간소화하고 싶다.

오래 생각해 둔 마음속 집이다. 방 하나에 욕실 하나, 거실과 주방이 한 공간인 작은 집. 본채와 별채의 내부 구성은 비슷하지만, 주로 생활할 본채에는 다락방을 얹어 부족한 공간 문제를 해결하기로 한다. 설계 도면이 심플하다. 결과물이 심플하다고 과정까지 쉬운 건 아니다. 작은 집 짓기는 '시 쓰기'와 비슷하다. "말은 적게, 뜻은 알차게." "면적은 작게, 배치는 알차게."

실제 건축물의 크기를 방안지 눈금에 맞춰 축소 계산해서 집의 평면도를 그린다. 도면에 코를 박고 몇 개월간 긋고 지우고 새로 긋기를 거듭하면서 공간은 압축되고 군더더기는 사라진다. 평면도를 완성한 후에는 입면도를 그린다. 거실의 햇살과 저장실의 그늘, 주방과 식탁의 동선, 안방과 화장실의 창문, 다락으로 오르는 계단을 시뮬레이션하고, 난로 위치와 연통 구멍, 에어컨 자리와 실외기 연결 구멍, 고양이가 드나들 계단 밑 통로를 지정한다. 상상 속 삼차원의 집이 이차원 도면 위에 정리된다.

제한이 있더라도 목표가 뚜렷하면 정답은 있다. 나의 제한은 '30평에 두 채 짓기', 나의 목표는 '최적의 공간 배치'다. 문제는 정답에 이르는 길 찾기인데, 빠르게 찾든 오래 걸리든 탐구하는 자세로 끈질기게 찾고자 하면 반드시 찾을 수 있다. 고심과 실패를 거듭하다가 번쩍 정신이 들며 해답이 떠오르는 순간, "유레카!" 무릎을 친다. 어디 숨어 있다가 이제야 고개를 내민 것이냐! 발견의 기쁨은 찾아가는 험로에 비례한다.

집 짓기는 필연적으로 통장 잔고와 연동된다. 인터넷에서 수많은 건물과 각종 인테리어를 수집해 온 탓에 눈은 한껏 높아졌지만, 탐나는 인테리어도 눈 질끈 감고 지나친다. 대신 끝내 포기하지 못할 사치 하나는 풍광이다. 멀리 겹쳐 보이는 산자락 사이로 펼쳐진 논밭과 저수지의 물빛을 종일토록 바라보는 것, 그 외 나머지는 '단순, 소박, 저렴'에 복무해도 좋다.

집터에서 바라본 앞산과 저수지.

한몫의 일꾼

설계와 인허가를 마쳤으니 본격적인 집 짓기에 돌입한다. 토목 공사가 첫 번째다. 포클레인을 불러 집터를 편평하게 다지고 주변을 정리한다. 집터 위에 어떻게 집을 앉힐지 정한다. 각도와 길이를 재어 네 귀퉁이에 말뚝을 박고 끈을 둘러 표시한다. 황량한 터 위로 사각형 두 개가 생긴다. 본채와 별채의 외곽선이다. 사각형 안에 서면 이 조그만 네모 안에 방과 거실, 주방과 욕실이 다 들어간다는 게 믿기지 않는다. 나중에 벽이 세워지고 지붕이 씌워지면 현실감이 들 것이다.

직영으로 짓는다고 해서 건축주로서 지휘만 하는 것은 아니다. 우리도 한몫의 일꾼으로 전 공정에 참여한다. 집 내부에서 정화조로 빠져나가는 오수 배관을 설치하고, 배관의 구배(勾配, 경사도)를 레벨기(특정 지점의 높낮이를 측정하는 기계)로 측정해 조절하는 일도 직접 한다. 구배가 맞아야 본채와 별채에서 나오는

레벨기의 망원렌즈를 통해 수직으로 세운
막대자의 숫자를 확인함으로써 위치가 다른
두 지점의 높낮이 차이를 측정한다.
배관이 자연스럽게 정화조를 향해 낮아지도록
기울기를 맞춰 나간다.

기초 공사용 철근의
모든 교차 지점을 '뱅뱅이'라는
도구를 사용해
'반생이'(번선番線의
현장 용어로, 고온에서
구운 철사)로 묶는다.
ㄷ자형 늑근(스터럽)을
상부근과 하부근 사이에
세워 간격을 확보한다.

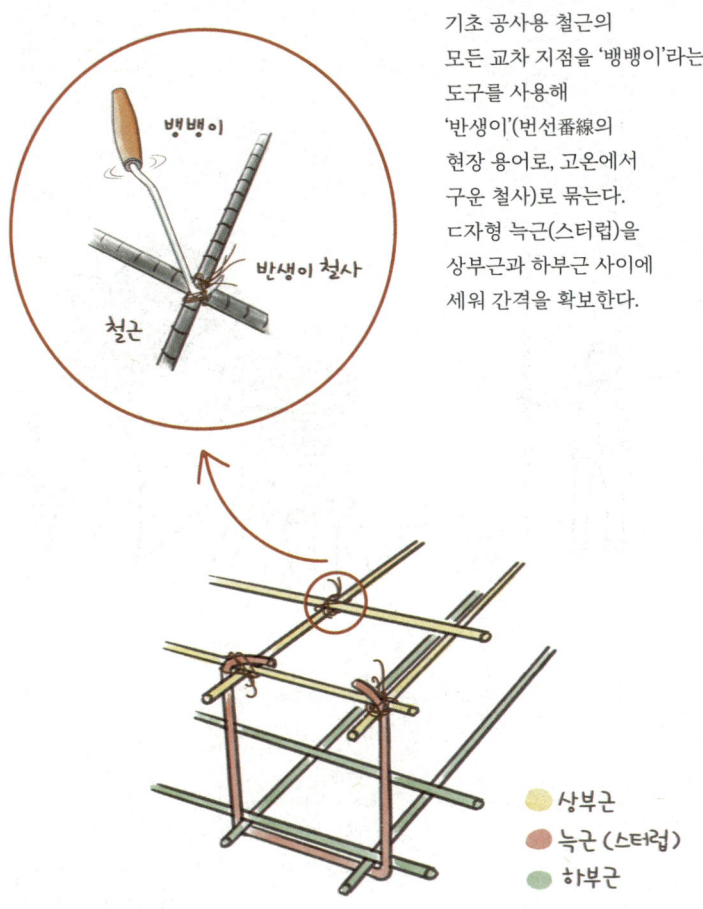

● 상부근
● 늑근 (스터럽)
● 하부근

오수가 정화조를 향해 한 방향으로 흘러갈 수 있다. 구배를 다 맞춘 후 포클레인으로 흙을 덮어야 하는데 갑자기 기사님 일정에 문제가 생긴다. 공사가 미뤄지는 사이 폭우가 쏟아진다.

비가 그친 후 보니, 배관 아래쪽 흙이 여기저기 빗물에 쓸려 나가 기껏 맞춰 놓은 구배가 엉망이 됐다. 부실한 건 빨리 드러나는 게 좋다. 만약 비가 오기 전에 흙을 덮었더라면 흙 무게로 내려앉은 배관을 도로 파내야 했을 것이다. 일이 커지기 전에 실수를 만회할 수 있어서 오히려 다행이다. 공사가 지체된다고 여길 때만 해도 이토록 중요한 점검의 기회가 생길 줄 까맣게 몰랐다. 머리로만 아는 것의 한계가 이러하다. 겪어 봐야 아는 것들이 세상엔 무수하다.

레벨기를 들여다보며 모든 배관의 구배를 다시 잡는다. 비가 쏟아지더라도 구배가 흔들리지 않도록 배관 아래에 돌덩이를 단단히 괴어 놓는다. 하수관 구배 작업을 완료한 후, 집이 될 사각형 안으로 상수도관을 끌어다 놓는다. 상수와 하수는 짝을 이뤄 함께 배치해야 한다. 전기선과 인터넷 선을 통과시킬 지중관도 땅에 묻는다. 이로써 지상에 들어설 구조물이 거주 공간으로 기능하기 위한 기본 순환계의 지하 매설이 완료된다. 사람으로 치면 식도와 소화기와 배설 기관(상하수도), 그리고 심장과 핏줄(전기와 인터넷)의 기초 공사를 마친 셈이다. 보일러 설비와 가스관,

촘촘한 전기 배선 등 나머지 세부 기관과 실핏줄은 이후 완성될 것이다.

집의 토대는 철근과 콘크리트로 이루어진다. 기초에 들어갈 철근량을 계산해 철강 자재업체에 주문하고 보강용 스터럽stirrup을 철근 가공업체에 제작 의뢰한다. 스터럽이란, 기초가 되는 철근의 상부와 하부의 수직 간격을 확보해 주는 ㄷ자형 철근으로, 늑근이라고도 한다. 건축업자에게 맡겼다면 신경 쓸 필요가 없을 이런 미시 영역들까지 모두 우리 과제가 된다. 주문한 철강 자재를 받은 후 집의 기초가 될 자리에 철근을 짜 넣는다. '반생이'라 불리는 강도 높은 철사로 모든 철근을 흔들림 없이 엮는다. 전문 기술이 필요 없는 단순 작업이니 몸 사리지 않고 달려든다. 철근으로 엮은 기초 둘레에 콘크리트 거푸집을 설치하고 나니, 레미콘 열세 대가 차례로 들어와 콘크리트를 타설한다. 본채와 별채의 기초 공사를 드디어 마친다.

고갈과 충만

강화 집은 철근 콘크리트로 지었으나 남도 집은 경량 목구조로 짓는다. 단열에 취약한 콘크리트 집의 단점을 경험했기에 두 번째 집은 단열성이 뛰어난 목조 주택으로 짓겠다는 생각이 확고했다. 건축의 핵심은 목수다. 오랜 경륜과 빼어난 기술력에 미적 감각까지 탁월한 김 팀장을 만난 건 굉장한 행운이다. 능력을 갖춘 총지휘관이 투입되자 골조 공사 이후 두 달째 늘어지던 일정이 일사천리로 진행된다. 역량 있는 목수 한 사람이 집의 완성도를 결정짓는다는 걸 절감한다. 얼치기 건축주는 비로소 책임의 부담에서 놓여난다.

키다리 아저씨 김 팀장은 일에 몰두하는 사람이다. 쉴 새 없이 지시하고 움직인다. 새참도 캔 커피 하나로 끝내고 점심을 먹으면서도 공정의 문제점과 해결 방안, 새로운 아이디어, 공부거리를 쉴 새 없이 제시한다. 진행되는 일의 돌발 변수와 모든 경우의 수를 미리 예상하고 대비한다. 건축주의 주머니 사정을 고려하여 자재 선택부터 자재량 계산까지 빈틈이 없다.

그는 시계를 보지 않는다. 일 마치는 시간이 되면 내가 그만하시라고 여러 번 잔소리를 해야 할 정도이다. 하루 일을 마치면 팀원들과 함께 주변 청소와 정리까지 말끔하게 해 놓는다. 현장이 무질서하면 사고 날 위험이 크다는 것이 그의 지론이다. 그가 일하는 모습에는 묘한 감동이 있다. 몰두, 최선, 진심, 정확성, 책임감, 그리고 배려……. 그는 실력과 자긍심을 갖춘 프로페셔널의 전형이다. 고마워하는 내게 그가 손사래를 친다.
"고마워하실 것 없어요. 나는 프로입니다."

짧은 하루 동안 쉴 새 없이 엄청난 일을 해내는 능력자 덕분에 공정은 빠르게 진행된다. 그의 작업 속도를 따라가느라 보조 일꾼인 남편은 입술이 부르튼다. 김 팀장이 필요한 자재량을 계산해 주면 남편은 트럭을 몰고 나주까지 가서 구조목, OSB 합판, 지붕재, 단열재, 각종 철물 등 갖가지 건축 자재를 사 온다. 나는 공정이 지연되지 않도록 일정과 필요한 일들을 챙긴다. 창호 회사에 창문과 현관문을 발주하고, 외벽에 칠할 페인트를 구입하고, 설비 사장님과 미팅하고, 레미콘 업체에 연락하고, 전기 사장님한테 전화하고, 타일 사장님과 일정을 잡는다.

작업 벨트를 주렁주렁 찬 김 팀장이
다락방 골조를 올려다보고 있다.
그는 건축의 골조를 세우는 대목수이면서
섬세한 인테리어 목수의 역할까지
너끈히 해내는 드문 실력자다.

비계 위에 올라가 외벽에 페인트를 칠하는 것도
내 일이다. 페인트와 오일 스테인을 칠하는 작업이
은근히 많다. 일이 많을 땐 사람을 쓰고,
혼자 할 만하면 직접 한다.

페인트칠과 사포질도 내 몫이다. 처마에 쓸 스프러스 루버에 투명 오일 스테인을 칠하고, 높다란 비계(높은 곳의 작업을 위해 설치하는 철제 발판으로, 현장에서는 '아시바'라 부른다.)에 올라가 외벽 마감재의 빈틈에 실리콘을 쏘고 페인트를 칠한다. 자작나무 창틀을 사포질로 다듬고, 보일러실 내벽에 핸디코트도 바른다. 작업하는 중간중간 새참을 내고, 휴일에는 목수 팀을 위해 백숙도 끓인다. 그 와중에 모내기도 하고, 고추밭 풀도 맨다. 과로로 쓰러질 것 같지만, 책임감으로 체력의 한계를 버틴다. 기력이 바닥나도록 태우면서 살아 있음을 실감한다. 고갈과 충만이 뒤섞이며 밀려든다.

실내 벽면에 석고 보드를 치고 마이너스 몰딩까지 마무리함으로써 숨 가쁘게 달려온 목수 팀의 대장정이 마무리된다. 목수 팀 넷, 건축주 둘, 여섯이서 기쁘게 해단식을 한다. 우리 집을 짓느라 일시 결합한 팀이니 해단식을 끝으로 각자의 자리로 돌아간다. "손꼽을 만한 행복한 현장"이었다는 김 팀장의 말씀에 가슴 뭉클하다. 두 번 만나기 힘든 "최고의 드림 팀"이었다는 말로 나의 고마움을 전한다. 집 안팎에 스며 있는 목수 팀의 손길과 정성을 잊지 못할 것이다.

고양이 화장실

눈송이처럼 하얀 고양이 '송이'가 낳은 새끼 가운데 가장 작고 순한 막내 고양이가 내게로 왔다. 송이는 강화의 이웃 혜경 씨네 고양이다. 아들이 기숙학교로 떠난 빈자리에 들어온 아기 고양이는 한동안 잊고 있던 나의 모성 본능을 몽글몽글 일깨웠다. 나는 어린것에게 속수무책으로 빠져들었다.

고양이의 이름을 '달'이라 지었다. 달이는 내 인생의 빈틈을 비집고 들어와 나를 단숨에 차지했다. 내 곁을 맴돌고 내 무릎에 올라오고 내 이불을 파고들었다. 나는 달이를 위해 숨숨집과 스크레쳐를 만들고, 리본을 묶은 낚싯대를 달이 머리 위에서 흔들었다. 다락방 계단은 달이의 놀이터이자 캣 타워였다. 비호처럼 서너 계단씩 날아 아찔하게 난간으로 올라서는 아기 고양이를 보며 심장이 쫄깃, 오금이 저리곤 했다.

아기 고양이가 내게 온 후,
내 목소리는 부드러워지고,
웃음은 헤퍼지고, 집안에는
온기가 넘치기 시작했다.

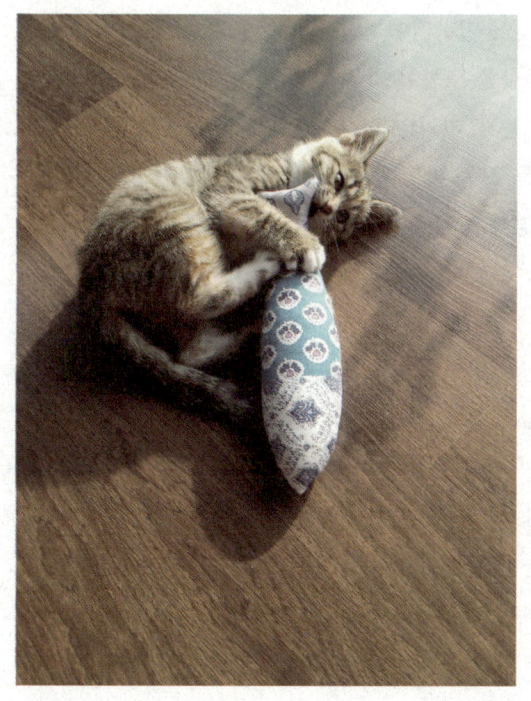

강화 집은 반려동물을 고려해 지은 집이 아니었기에 사람의 생활 공간과 고양이 화장실을 분리할 방법이 마땅치 않았다. 아파트라면 베란다를 활용할 수 있겠지만, 강화 집에는 베란다가 따로 없으니 거실 한쪽에 고양이 화장실을 두어야 했다. 그로 인한 화장실 냄새와 고양이 모래 사막화는 달이가 주는 행복에 지불하는 대가였다.

집이 먼저 지어진 후 사람이든 동물이든 그 공간에 몸을 맞춰 사는 것이 일반적이지만, 반려동물과 함께 살며 집을 짓는다면 반려동물을 포함한 가족 맞춤형 설계가 당연하다. 내 집을 직접 설계하는 묘미와 매력은 이런 데 있다. 남도에 내려와 내 손으로 집을 짓는 마당에, 나와 평생을 함께할 달이의 공간을 설계에 반영하지 않을 까닭이 없다. 달이뿐 아니라 가족 모두의 쾌적함을 위해서다.

넓은 집이라면 달이의 공간을 따로 둘 수 있겠지만, 우리 집은 고작 16평인 절약형 집이다 보니 고양이 화장실 위치 설정이 난제다. 생각을 좁히기 위해 화장실을 둘 수 없는 공간부터 지워 나간다. 방은 안 된다. 거실과 주방도 안 된다. 그렇다면 남는 건 욕실뿐이다. 하지만 욕실에 고양이 화장실을 두긴 싫다. 모래가 습해지는 것도 찜찜하고, 욕실 문을 늘 열어 두어야 한다는 점도 내키지 않는다. 어떻게 할 것인가.

곁길이지만 욕실 이야기를 잠깐 하면, 지금까지 거쳐 온 집들은 온갖 불편함을 통해 '좋은 욕실'이 갖춰야 할 점이 무엇인지 내게 가르쳐 주었다. 아파트 욕실은 창문이 없어서 습기로 눅눅했다. 셋집의 욕실은 타일 바닥이 높아 문을 열면 슬리퍼가 문에 걸렸다. 옷 갈아입을 공간이 없어 젖은 욕실 바닥에 수건을 깔거나 슬리퍼 위에서 옷을 갈아입어야 했다. 불편은 대안의 출발점이다. 강화 집의 욕실을 설계할 때 숲을 향해 창을 뚫고 바닥을 낮추고 입구에 작은 드레스 룸을 만든 것도 과거의 불편에서 배운 것이었다.

남도 집에는 따로 드레스 룸을 만들지 않는다. 집이 작으므로 공간을 아껴야 한다. 대신 욕실을 탈의 공간(건식)과 씻는 공간(습식)으로 분리한다. 욕실 문을 열고 들어서면 화장대가 있는 건식 공간이고, 한 걸음 내려서면 변기와 세면기, 샤워기가 있는 습식 공간이다. 욕조는 들이지 않는다. 강화 집에 살 때도 욕조 물에 몸을 담글 일이 거의 없었다. 욕조에 물 채우는 시간이 아깝고, 물 낭비도 심하고, 욕조 청소도 일거리다. 땀 흘리며 노동하는 일상이니 샤워용 수전으로 충분하다. 강화유리 샤워 부스도 설치하지 않는다. 유리에 끼는 물때는 일 많은 시골 살림에 일거리만 늘릴 뿐이다.

탈의 공간 왼쪽에 세탁실을 두고 미닫이문을 달기로 한다. 욕실과 세탁실은 가까워야 좋다. 샤워 후 젖은 옷과 수건을 세탁기에 즉시 던져 넣을 수 있기 때문이다. 세탁기 배수 호스를 하수 배관에 연결하면 세탁실을 건식으로 쓸 수 있다. "바로 여기야!" 반짝, 아이디어가 솟는다.

고양이 화장실을 세탁실에 두자! 건식 공간이니 배변용 모래에 습기 찰 일도 없고, 벽으로 막혀 있으니 악취가 새어 나올 일도 없다. 고양이 화장실과 사람 화장실이 가깝다는 점도 좋다. 달이가 배출한 두부모래 덩어리를 변기에 바로 처리할 수 있으니까. 세탁실 뒤쪽에 창문을 달면 환기 문제도 해결된다. 생각할수록 최적의 장소다. 생활 공간과 고양이 화장실의 분리, 환기 문제 해결, 모래 배출 동선의 최소화, 일석삼조가 아닌가. 세상에, 내가 이런 생각을 해 내다니!

고양이 통로만 만들면 된다. 다락방으로 올라가는 계단 아래가 세탁실 벽이다. 그 벽에 고양이 문을 뚫기로 한다. 달이 전용 통로가 있으면 굳이 달이를 배려하여 사람의 통로(욕실과 세탁실 문)를 열어 둘 필요도 없다. 계단 아래에 삼각형의 책장을 짜 넣으면 고양이 문을 살짝 감추는 효과도 거둘 것이다.

인터넷으로 고양이 문을 구입한다. 달이가 머리로 밀어서 드나들 수 있는 투명한 플라스틱 문이다. 김 팀장께 미리 고양이 문

다락으로 올라가는
계단 아래에
고양이 문을 만들었다.
건식 세탁실에
고양이 화장실을 두자
습기와 환기 문제 등이
모두 해결되었다. 사진은
고양이 화장실 내부.

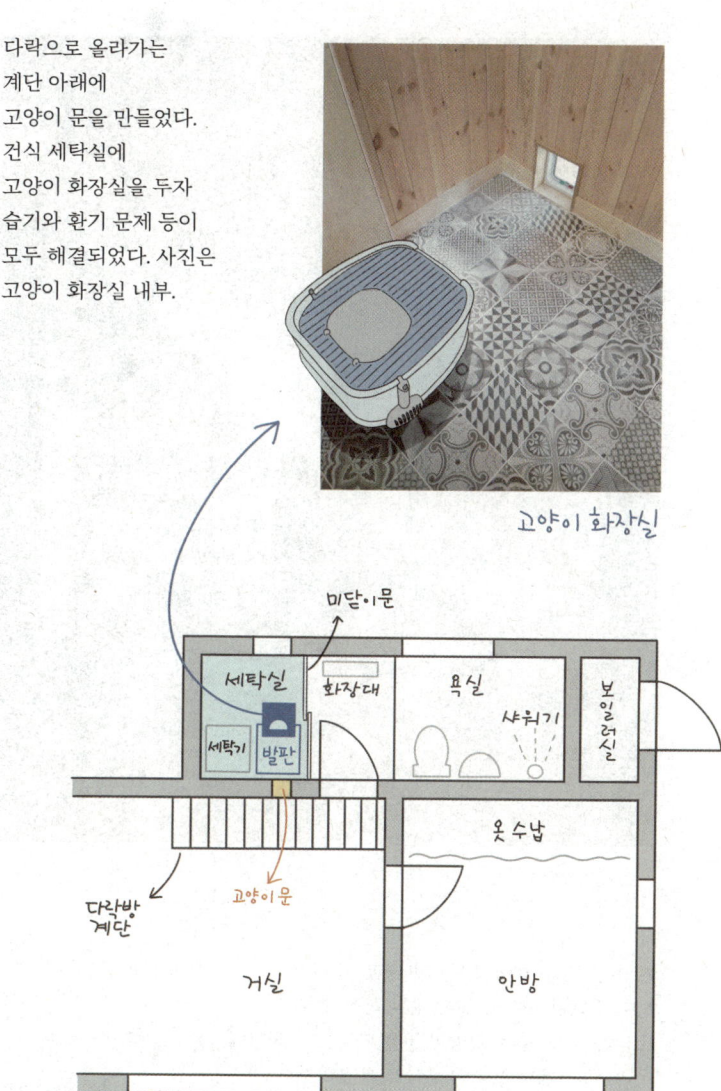

고양이 화장실

계단 밑 책장 속 고양이 비밀 통로.
달이가 책장 속으로 들어간 후, 삭삭 모래 덮는
소리가 난다. 덜컹! 고양이 문을 밀치고 나온 달이,
우다다다~ 계단으로 날 듯이 뛰어 올라간다.

의 위치와 크기를 알려 드린다. 김 팀장은 고양이 통로가 될 사각형을 남기고 벽에 단열재를 채운 후 합판과 석고 보드를 친다. 마지막으로 고양이 문을 달고 세탁실 내부 벽면을 루버로 마무리한 후 목수 팀은 떠난다. 이어서 타일과 설비, 도배와 장판이 순서대로 들어오고, 마지막으로 전기 팀이 들어와 조명을 단다. 집의 살과 뼈에 피가 돌고 생명력이 들어찬다. 오래 꿈꿔온 집이 탄생했다. 추상과 상상은 이렇게 구체와 현실이 된다.

달이와 함께 새 집으로 이사한다. 달이에게 고양이 문 여는 법을 몇 번 연습시키니 곧잘 드나든다. 입주가 끝난 후 김 팀장이 오셔서 계단 아래에 직각삼각형 모양의 책장을 짜 주셨다. 달이가 책장의 맨 아래 칸으로 들어간다. 영화 〈나니아 연대기〉에서 장롱의 문을 열고 다른 세상으로 나가듯, 달이는 책장 아래 비밀 문으로 들어가 다른 세상을 만난다. 근심을 해소하는 모래상자, 고양이 해우소다. 매 순간이 삶의 전부임을 본능적으로 아는 달이가 근심 따위를 지고 다닐 리는 만무하지만 말이다.

나의 쿼렌시아, 다락방

아버지의 집에는 벽장이 있었다. 해가 지면 아버지는 벽장에서 이불과 요를 꺼내 방바닥에 펴고, 아침이 되면 이불과 요를 착착 개어 벽장에 넣으셨다. 벽장은 침구를 보관하는 장소이자 어린 나의 비밀 쉼터였다. 대낮에도 빛 한 점 들어오지 않는 벽장으로 올라가 솜이불 위에 누우면 잠이 솔솔 왔다. 어린아이가 아늑하고 좁은 공간을 파고드는 건 엄마의 자궁에 대한 무의식적인 그리움 때문일까.

내 집 설계의 출발점에서 다락방부터 떠올린 것은, 그 옛날 벽장처럼 좁고 아늑한 공간에 대한 희구였을 것이다. 쪽창이 있는 작은 다락방, 키 낮은 천장 아래 엎드려 책 읽기 좋은 방, 무릎 담요 덮고 앉아 바느질하기 좋은 방, 정좌하고 앉으면 숲이 보이는 방, 새소리를 들으며 명상하기 좋은 방……. 이런 정서적 로망에 더해, 안방 천장과 박공지붕 사이에 방 하나가 더 생긴다는 점,

다락방 앞창으로 내다보는 겨울 풍경.
지금 다락방에서 내다보는 전망은
모두 김 팀장의 선물이다. 그는 내게 앞마당의
느릅나무 풍경과 저수지 물빛,
초록 들판과 푸른 하늘을 선물해 주었다.

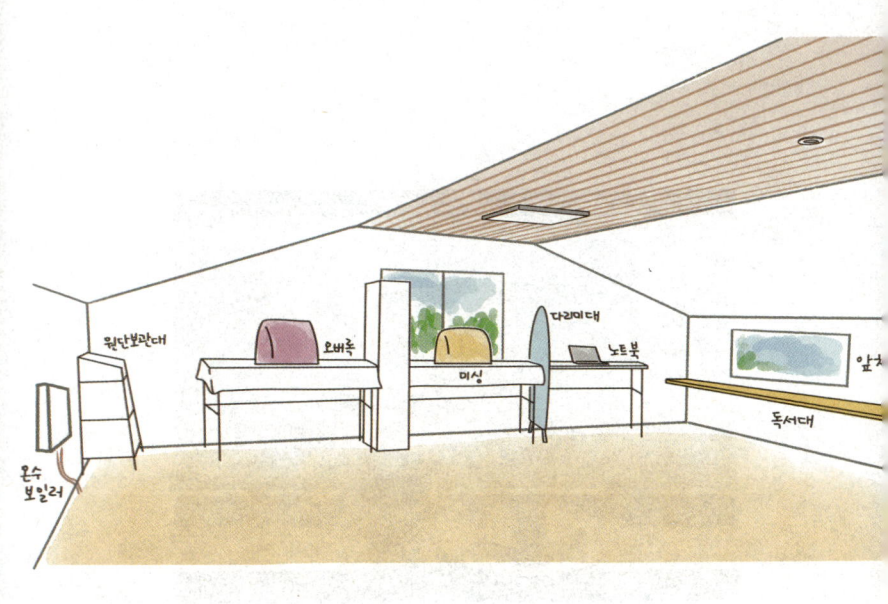

나의 두 번째 다락방. 온수 보일러 공사를 마치고
장판을 깐 후 테이블과 선반 등을 배치했다.
이곳에서 바느질도 하고 책도 읽고 글도 쓴다.
벽장 속처럼 아늑한 나의 퀘렌시아다.

이층집 못지않은 높은 시야가 확보된다는 점도 매력적이었다. 건설 회사가 지어서 파는 주택도 아니고 내가 직접 설계하는 집인데, 갖고 싶은 다락방을 만들지 않을 이유가 없었다.

강화에서 지은 첫 집의 다락방은 문이 달린 독립 공간이었다. 지붕의 경사면 아래쪽은 천장이 매우 낮아 미닫이문을 달아서 작은 창고로 활용했다. 천장이 높은 중심부는 창가에 테이블과 미싱을 놓고 바느질 공간으로 꾸몄다. 나머지 공간에는 책장 여섯 개를 옆으로 눕혀 기다란 서가로 만들었다. 천장 낮은 다락방이라 책장을 세울 수 없어서 선택한 고육지책이었는데, 어쩐지 소인국의 도서관처럼 다락방과 잘 어울렸다. 책장과 책장 사이에 들어가 엎드리면 소인국 도서관 통로에 누운 걸리버가 된 느낌이었다. 조그만 독서등 아래 엎드려 책을 읽다가, 졸리면 책장 사이에서 그대로 잠들었다. 꿈꾸던 나의 다락방이었다.

남도에서 두 번째 집을 지을 때도 당연히 다락방을 설계에 넣었다. 본채가 16평으로 크지 않기 때문에 공간이 답답하게 느껴지지 않도록 오픈형 다락방으로 설계했다. 다락방에서 집 앞 저수지가 내려다보이도록 전면에 창을 내기로 했는데, 막상 골조를 세우고 보니 그 자리가 막혀 있었다. 고칠 수 있느냐 물으니, 이미 완료된 골조라 손대면 구조적인 문제가 크다고 했다. 그 말에 몹시 상심했는데, 다행히 나중에 합류하신 목수 김 팀장이 몇 날 며칠을 궁리한 끝에 해결책을 내주었다. 지붕의 하중을 견딜 수 있도록 구조를 단단히 보강한 후 창문을 뚫어 준 것이다. 덕분에 저수지를 통째로 담은 앞창이 만들어졌다. 봄, 여름, 가을, 겨울 천변만화하는 자연의 풍경을 창으로 내다볼 때마다 그의 탁월한 능력과 따뜻한 마음에 감사하게 된다.

다락방 바닥에는 전기 온수 보일러를 깔았다. 시공업자에게 맡기지 않고 자재를 사 와서 직접 설치했다. 패널을 깔고 온수 호스를 배열한 후, 다락방의 형태에 맞춰 열전도 방열판을 그라인더로 잘라서 빈틈없이 덮었다. 온수 호스와 실내용 온수 보일러를 연결하고 물을 채워 시험 가동을 하니 금세 바닥이 따뜻해진다. 성공이다! 마지막으로 장판을 깔고 가장자리에 걸레받이 목재를 둘렀다.

오픈형 다락방이라 거실의 더운 공기가 다락방으로 올라온다. 한여름엔 다락방이 찜통이 되고, 한겨울엔 거실의 난로 열기가 다락방을 채운다. 숨 막히게 후끈하다. 이럴 때 필요한 것이 실링팬이다. 리모컨을 누르면 천장에 매달린 실링팬이 돌면서 공기를 위아래로 순환시킨다. 겨울철에는 다락방의 난로 열기를 아래로 내려 주고, 여름철에는 거실 에어컨의 냉기를 위로 올려 준다.

천장의 실링팬과 계단 난간 위의 고양이 달.

오픈형 다락방에는 실링팬이 꼭 있어야 한다고 말해 준 사람이 김 팀장이다. 그의 조언이 있어서 집을 지을 때 실링팬 위치에 미리 전기선을 빼둘 수 있었다. 천장에 실링팬을 설치하니 공간이 여유롭고 눈맛도 깔끔하다. 저속으로 도는 은은한 바람도 좋다. 실링팬의 유용함을 알려 준 김 팀장 덕에 한여름과 한겨울에도 다락방 사용에 불편함이 없다. 그의 혜안과 조언이 참 고맙다.

7평 다락방에서 많은 일이 이루어진다. 다락방은 바느질 작업실이다. 여기서 미싱을 밟아 옷을 만들고, 중고 옷을 수선하고, 커튼이나 방석 같은 생활용품을 만든다. 다락방은 독서실을 겸한다. 김 팀장이 뚫어 주신 작은 창 아래 긴 나무 선반을 달고 낮은 의자를 놓는다. 창가에 앉아 책을 읽다 눈을 들어 시시각각 변하는 하늘과 정원의 빛을 바라본다. 집중했던 마음이 저수지의 물처럼 잔잔하게 풀린다. 노트북과 프린터가 있는 테이블로 옮겨 앉으면 다락방은 집필실로 변한다. 글을 쓰다 고단해지면 작은 침대에 누워 낮잠을 청한다. 천장이 코앞에 내려와 있으니 벽장 속처럼 아늑하다. 다락방은 나의 안식처, 퀘렌시아다.

2.

집의 부록

강화 셋집에서의 첫 겨울, 밤사이 내린 눈과 서리로 자동차의 앞뒤 유리가 두껍게 얼었다. 남편이 도시의 직장으로 출근하던 시절이라 아침마다 시간에 쫓기며 자동차 유리의 성에와 얼음을 긁어 내야 했다. 눈비를 막아 줄 차고가 있으면 얼마나 좋을까 생각하던 차에 아랫집 어른께서 안 쓰는 비닐하우스 골조와 부품이 있으니 필요하면 가져다 쓰라고 하셨다. 남편과 둘이서 몇 차례에 걸쳐 들어 날랐다.

언 땅에 구덩이를 파서 골조를 세우고, 파이프를 연결해 구조를 잡은 후 대형 비닐을 씌웠다. 하우스 클립과 사철을 이용해 골조에 비닐이 단단히 고정되도록 한 후, 바닥에 늘어진 비닐 위에 흙덩이를 얹었다. 추위에 떨며 꽁꽁 언 손으로 주말 내내 애쓴 끝에 작고 아늑한 비닐하우스가 완성되었다. 우리 손으로 만든 생애 최초의 비닐하우스였다. 밤에 차고로만 쓰기엔 아까워

한쪽에 공구와 작업대를 들여놓고 낮에는 목공 작업실로 이용했다. 목공 작업실에 걸맞게 화목 난로도 설치했다. 이 비닐하우스는 셋집에 사는 동안 바깥 살림을 보관하는 창고 역할까지 겸했다.

첫 집을 지을 때는 아예 창고를 따로 지었다. 두 칸짜리 창고로 한 칸은 농사용, 다른 한 칸은 목공용이었다. 셋집에서 차고로 썼던 비닐하우스는 밭으로 옮겨 모종과 쌈 채소를 기르는 용도로 사용했다. 새 집에는 차고를 따로 만들지 않았다. 오래지 않아 남편이 회사를 그만두면서 한겨울 시간에 쫓기며 유리창의 얼음을 긁지 않아도 되었기 때문이다.

시골집은 집보다 '집의 부록'이 더 많다. 도시의 아파트처럼 생활 범위가 실내로 한정되지 않고 정원과 텃밭으로 일상이 확장

되니 당연히 바깥 살림이 많아지고, 그에 따른 외부 공간도 필요하다. 보통의 전원주택 살림이라면 연장 창고나 헛간 정도로 충분하겠지만, 농사를 짓는 집이라면 농사용 비닐하우스는 기본이고, 이앙기와 경운기를 들여놓을 자리, 고추 건조기와 저온 저장고를 설치할 장소도 있어야 한다. 화목 보일러나 난로를 쓴다면 땔감을 보관할 헛간도 있어야 하고, 목공을 한다면 목공 작업실도 필요하다. 집과 밭의 거리가 멀 경우 야외 뒷간도 필요하다. 바깥일이 집안일보다 많다 보니 필요한 공간도 많고 관리하는 노고도 적지 않다.

집을 건축업자에게 맡겨서 짓듯이 야외 시설도 맡기면 간단하겠지만 문제는 비용이다. 우리는 부자가 아니므로 어지간하면 자재를 사서 직접 짓는 방법을 택한다. 살림집 건축은 종합 예술에 가까워서 어설프게 지었다간 감당할 후과後果가 너무 크다. 하지만 헛간이나 뒷간, 연장 창고 정도는 솜씨가 서툰 사람도 지을 만하다. 우리 집에 딸린 뒷간, 헛간, 비닐하우스, 연장 보관함 등은 비숙련 노동자인 남편과 내가 직접 만든 것이다. 대문과 우체통, 야외 수도, 덩굴 아치 같은 것도 우리 손으로 뚝딱뚝딱 만든다. 솜씨 좋은 목수님이 지어 준 작은 집에 하나씩 붙여 나가는 서툰 부록들이 내 눈에 사랑스럽다. 공간에 시간이 쌓이고 그 위에 다른 공간이 더해지며 우리 집만의 스토리텔링이 완성된다.

나는 정착 본능이 강해 땅에 발을 붙이고 사는 것에 안정감을 느낀다. 한때 거주했던 신도시의 아파트는 정착이 아닌 거쳐 가는 공간이었다. 이 아파트에서 저 아파트로 쇼핑하듯 평수와 구조를 고르고, 일정 기간 살다가 더 괜찮은 공간을 선택해 떠나면, 지난 공간에 대한 애착도 기억도 별반 남지 않았다. 나의 시골집은 다르다. 집을 짓는 구상에서부터 정원, 텃밭, 헛간, 뒷간에 이르기까지 긴 세월 내 손으로 가꾸고 만들어 간다. 인생이 녹아든 공간을 떠나기란 쉽지 않다. 시골 어른들이 자식들을 따라 도시로 이주하기를 망설이는 마음을 깊이 이해한다. 나 역시 인생의 무게가 스민 집을 훌쩍 떠날 수 없다. 나는 집과 함께 나이 들어 간다. 가능하면 삶을 마무리할 장소도 이 집이기를 소망한다.

대문을 만들다

"시골에서 대문은 무슨 대문!"
탐탁지 않아 하는 남편의 말을 귓등으로 들으며 나는 대문을 어떻게 만들지 궁리한다. 첫 집을 짓고 수년째, 집으로 들어오는 통로는 있었지만 안팎을 가르는 물리적 경계는 없는 채로 살았다. 생활하는 데는 문제가 없었지만 심리적 안정감이 떨어졌다. 나는 사람들이 우리 집에 들어설 때 적어도 '문'을 열고 들어오기를 바란다. 공용 공간과 사적 공간의 경계는 물리적 차단을 위해서가 아니라 관계의 예의상 필요하다. 옛사람들이 키보다 낮은 돌담을 쌓고 허술한 사립문이라도 달았던 건 그것이 사적 영역의 표시이기 때문이다. 지킬 것 많은 지배층의 솟을대문과 높은 담장이야 방어의 목적일 테지만 말이다.

이병일의 시집 『옆구리의 발견』에 나온 첫 시가 〈격장隔墻〉이다. 격장이란 '담을 사이에 두고 이웃한다'는 말이다. 이 시는 "두 집

원형톱으로 목재를 잘라 간격 맞춰 배열한 후
나사로 고정한다. 기둥과 결합할 튼튼한 경첩도
미리 달아 놓는다. 삽살개 또리가 작업실로 들어와
내가 일하는 모습을 구경한다.

사이에 돌 울타리를" 쌓는 이야기로 시작해 저마다의 담장에 대한 은유로 마무리된다. 너나없는 공동체의 공허한 미덕 앞에서 "담을 허물어야 한다."는 상투어만 무감각해지도록 들어온 귀에 '격장'이라니. 담장 장墻의 흙[土]대신 풀[草]의 초두머리를 넣으면 장미[薔]가 된다. 머릿속에 장미꽃으로 단장된 흙담이 떠오르고, 이어서 돌로 쌓은 담장, 흙으로 바른 담장, 담쟁이가 올라간 담장, 능소화가 너울거리는 담장이 연상된다. 모양도 색도 제각기 다른 담장들이 정답게 이어진 풍경이 담장 하나 없는 허허벌판보다 훨씬 아름답다. 나는 담장이 지닌 함의가 마음에 든다. 각자의 담을 인정하면 굳이 허물 필요도 없다.

담장이 없는 집에 대문이라도 달고 싶다. 내가 상상하는 대문은 높이가 허리께에 오는 나지막한 나무문이다. 줄자로 대문이 놓일 자리의 폭을 재어 목재 필요량을 계산한 후, 집에서 멀지 않은 건재상을 방문한다. 건재상에는 목재, 전동 공구, 각종 철물, 오일 스테인 등 건축에 필요한 갖가지 품목들이 갖춰져 있다.

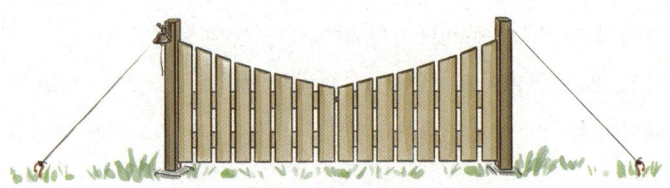

그곳에서 구입한 방부목과 오일 스테인을 목공 작업실에 내려놓고, 미리 그려 둔 재단표대로 목재를 잘라 연결한다. 밭갈이하던 남편이 뒤늦게 작업실을 들여다보곤 한마디 한다.
"뭐……, 단순하니 괜찮네."
방관자가 참여자가 되는 순간이다.

대문 조립을 다 마쳤다. 땅을 파서 주춧돌을 묻고 기둥을 세우는 일은 혼자 하기 힘들다. 남편이 팔을 걷어붙이고 나선다. 건재상에서 사 온 콘크리트 주춧돌에 기둥목을 끼우고 스패너로 볼트를 단단히 조여 박는다. 대문 양쪽에 구덩이를 판 후 기둥목을 결합한 주춧돌을 묻는다. 대문 자리 좌우에 두 개의 기둥이 자리를 잡는다.

대문과 기둥을 경첩으로 연결한다. 무게 중심이 안쪽에 있으니 바깥쪽에서 기둥을 당겨 줄 필요가 있다. 일명 '돼지 꼬리'라 불리는 '나선형 말뚝'을 이용한다. 나선형 말뚝은 비닐하우스의 비닐이 비바람에 벗겨지지 않도록 끈을 묶어 고정할 때 쓰는 철근이다. 말뚝을 뱅뱅 돌려 땅바닥에 박아 넣으면 당기는 힘으로는 절대 뽑히지 않는다. 나선형 말뚝을 기둥 바깥쪽 땅에 깊숙이 박고, 굵은 와이어로 기둥과 연결해 팽팽하게 고정하니 대문의 균형이 완벽하게 잡힌다.

대문이 될 목재의 거친 모서리를 사포질한 후 오일 스테인을 칠한다. 손길이 자주 닿는 상단부에는 더 넉넉히 발라 준다. 황동 빗장을 걸고, 기둥에는 초인종이 되어 줄 예쁜 종도 매단다. 실용적이진 않지만 보는 눈을 즐겁게 해 주는 초인종이다. 완성된 대문을 흡족하게 바라보고 있자니 대문 위로 상상의 아치가 세워진다. 아치를 세워 덩굴 식물을 올리면 얼마나 예쁠까! 기둥과 아치를 연결하면 대문도 훨씬 안정적일 텐데! 하지만 아치를 만들어 세우려면 남편을 어르고 구슬리는 지난한 과정을 거쳐야 한다. 작전을 어떻게 짜지?

—

3년 후, 드디어 아치를 만들고 으름덩굴을 올렸다.
고구마를 심은 산밭 주위에 지천으로 휘감긴 으름덩굴에서
젓가락 같은 어린 줄기 두 개를 가져와 대문 양옆에 심었는데,
무성히 자라 봄마다 황홀한 으름 꽃을 가득 피운다.
모시 적삼처럼 엷은 보랏빛 암꽃 주위로 자잘한 여러 개의
수꽃들이 자지러지듯 핀다. 하루에도 몇 번씩 화환 같은
꽃구름 아래를 오간다.

아치를 뒤덮은 으름덩굴 꽃.

뒷간이 필요해

강화 집이 팔리지 않아 한동안 두 집 살림을 했다. 남편 혼자 남도로 내려와 농사를 지으며 농막에 머물렀는데, 농막은 집이 아니어서 정화조와 하수 시설을 둘 수 없었다. 임시방편으로 돌을 쌓아 생태 뒷간을 만들었다. 벽도 천장도 없는 임시 뒷간이지만, 주변이 숲과 바람과 하늘뿐이니 그것으로 충분했다. 하지만 모든 살림을 정리하고 내려와 두 번째 집을 짓게 되자, 공사 현장에서 일하는 사람들을 위한 뒷간 마련이 시급해졌다.

농막 옆 자투리 공간에 뒷간을 짓기로 했다. 뒷간 자재는 중고 샌드위치 패널로, 예전에 강화 집 창고를 수리하면서 뜯어 낸 것이다. 쓰레기로 버리기도 어려운 폐자재라 어떻게 활용할지 골칫거리였는데 비로소 적절한 쓸모를 찾았다. 창문까지 달려 있으니 뒷간용으로 그만이다.

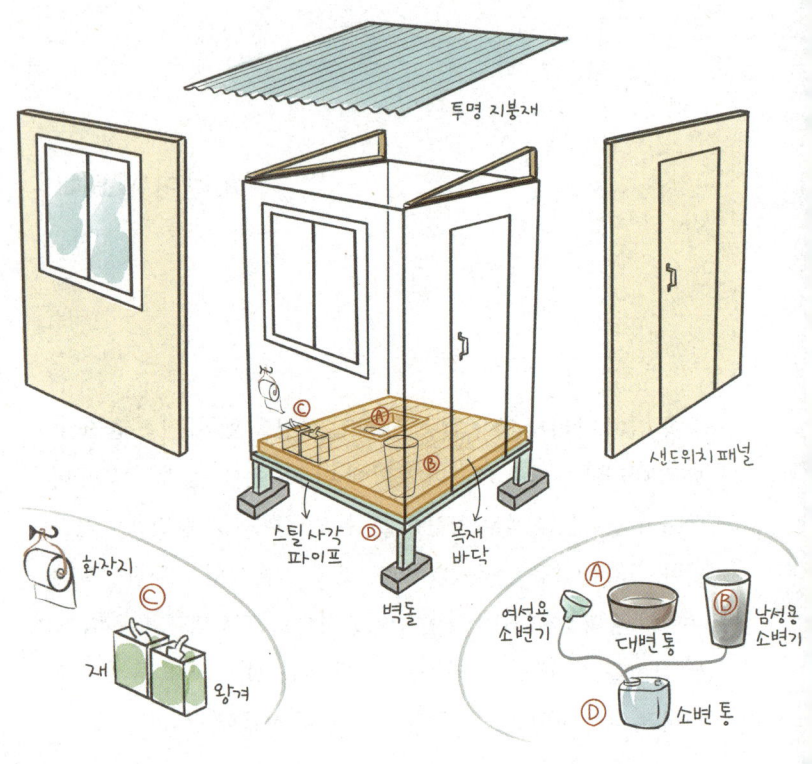

볼일을 본 후 뿌릴 수 있도록 왕겨와 재를 담은
통을 변기 앞에 마련해 둔다. 거름으로 쓸 대소변은
분리 수집해야 한다. 대변은 호기성 발효,
소변은 혐기성 발효를 하므로 서로 분리해야
냄새가 나지 않는다.

먼저 뒷간의 사이즈를 정하고, 스틸 사각 파이프를 용접하여 기초가 될 프레임을 짠다. 뒷간 바닥이 지면으로부터 30cm 이상 뜨도록 네 개의 다리를 붙여 세운다. 아래쪽으로 대소변 통을 넣고 뺄 수 있을 만큼 뒷간 바닥이 높아야 한다. 용접은 남편의 몫이다. 초보자라 용접 부위가 다소 우둘투둘하지만, 전문가를 부르지 않고 직접 작업한다.

뒷간이 들어설 자리의 흙바닥을 삽으로 고르고, 시멘트 벽돌을 네 귀퉁이에 놓는다. 그 위로 용접한 기초 프레임을 올린다. 프레임이 흔들리지 않도록 고정한 후 샌드위치 패널 벽체를 세운다. 지붕은 중고 슬레이트를 재활용한다. 투명 슬레이트라 채광이 좋다. 폐자재들을 버리지 않고 알맞은 곳에 활용할 수 있어 흡족하다. 구조목을 이용해 프레임을 짜고 마룻바닥을 한 장씩 덮어 나간다. 바닥이 목재라서 뒷간 분위기가 아늑하다.

변기 아래에는 낡은 대야를 놓아 대변 통으로 삼는다. 대야가 어느 정도 차면 퇴비장으로 보내 삭혀 거름으로 쓴다. 오수정화 시설이 필요 없는 자연 순환 방식이다. 대변기 앞쪽에 깔때기를 대고, 남성용 소변기도 따로 만들어 호스를 통해 모두 소변 통으로 모이게 한다. 소변을 숙성시켜 물에 희석해 밭에 뿌리면 최고의 천연 비료가 된다. 둘이서 얼렁뚱땅 이틀에 걸쳐 완성한 뒷간을 집 짓는 현장 사람들이 좋다며 애용한다. 뿌듯하다.

야외 수도 설치

정원과 야외 수도의 거리가 너무 멀다. 물 한번 주려면 길고 무거운 호스를 이리저리 끌고 다녀야 한다. 30m짜리 긴 호스를 써도 분사기가 닿지 않는 곳이 있다. 그런 곳에는 물뿌리개에 물을 채워 날라야 한다. 정원 전체에 물을 주려면 한 시간이 넘게 걸린다. 도저히 안 되겠다. 정원에 수도를 설치해야겠어!

먼저 배치 도면을 그려 필요한 부속의 종류와 개수를 파악한다. 구입할 항목을 꼼꼼히 적은 후 배관 자재는 철물점에서, 수도 기둥을 지탱해 줄 콘크리트 기초석은 건재상에서 구입하고, 두 갈래 수도꼭지는 인터넷으로 주문한다. 자재가 준비되면 수도 설치에 들어간다. 방부목 기둥재를 적당한 길이로 잘라 콘크리트 기초석 위에 세워서 새 수도의 기둥으로 삼는다. 두 갈래 수도꼭지는 소켓, 호스와 연결하여 방부목 기둥에 고정한다. 수도꼭지와 소켓을 연결할 땐 물이 새지 않도록 테플론 테이프를 감는다.

앞마당 좌우에 수도가 하나씩 있지만,
정작 물을 가장 많이 쓰는 정원과 뒤뜰엔
수도가 없다. 정원 한가운데와 본채 뒤에
수도를 추가로 배치하고, 화분이 있는 테라스와
텃밭에도 분사기를 하나씩 빼놓는다.
이렇게 하면 물을 쓸 수 있는 지점이
총 여섯 개가 된다.

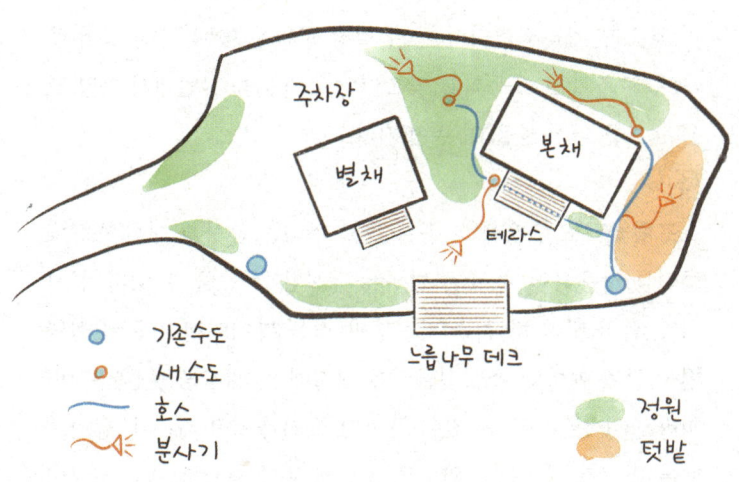

야외 수도에는 두 갈래 수도꼭지가 유용하다. 하나는 양동이에 물을 받거나 손을 씻는 용도로 쓰고, 다른 하나는 분사기가 달린 긴 호스에 연결해 정원에 물을 주는 용도로 쓴다. 수도꼭지가 하나뿐이면 용도에 따라 매번 호스를 교체하거나, 멀리 있는 분사기를 가져와 흙 묻은 손을 씻어야 하니 몹시 번거롭다.

기존 야외 수도에서 새 수도까지 호스를 연결한다. 호스 중간에 들어가는 밸브소켓은 스패너 두 개를 사용해 강하게 조여 준다. 긴 호스가 걸리적거리지 않게 일정 구간은 땅에 얕게 묻어 준다. 한겨울에 호스 동파를 막으려면 늦가을쯤 지면에서 가장 낮은 밸브를 열어 물을 빼 주면 된다.

스프링클러도 구매했다. 손에 들고 뿌리는 분사기 대신 스프링클러를 사용하면 꽤 넓은 범위에 장시간 물을 줄 수 있다. 분사기로 휘휘 뿌려 봐야 흙의 표면만 젖을 뿐이어서 가뭄이 심할 땐 해갈이 어렵다. 스프링클러를 연결해 반 시간쯤 물을 뿌리면 비라도 내린 듯 흙 속 깊은 곳까지 물기가 충만해진다. 중간에 한두 번 스프링클러의 위치를 변경해 주면 정원 전체의 해갈이 가능하다.

남편이 본가에 가고 없는 사이, 혼자서 공사를 마쳤다. 겉보기엔 거창해 보이지만 들여다보면 단순한 작업이다. 구상하고, 배열

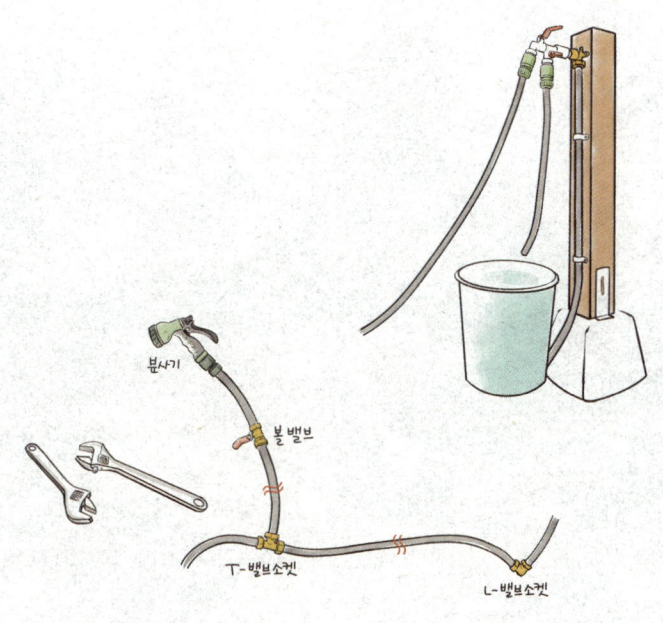

호스가 직각으로 꺾이는 지점엔 L자형 소켓,
호스 중간에 분사기를 연결할 땐 T자형(3방향)
소켓이 필요하다. 플라스틱 분사기로는
장시간 수압을 견디기 어려우니, 분사기
아래쪽에 설치할 볼 밸브도 있어야 한다.
물을 쓸 땐 볼 밸브만 여닫으면 된다.

정원에 설치한 야외 수도.

하고, 연결하고, 고정하면 된다. 스패너 두 개만 있으면 연결 작업에 큰 힘이 필요치 않다. 이런 일은 힘으로 하는 게 아니라 머리로 하는 것이다. 비용도 별로 들지 않는다. 가장 좋은 점은 남에게 의지하지 않고 천천히 생각하며 진행할 수 있다는 것이다. 누가 이래라저래라 간섭하지 않으니 중간에 계획을 바꿀 수도 있고, 재료가 모자라면 나가서 사 올 수도 있다. 일하다 보면 실수도 하고 생각지 못한 난관에 봉착하기도 하지만, 실수를 깨닫고 만회하는 과정도 재미있다. 자신감은 그에 따른 덤이다.

정원용 헛간

처음엔 퇴비장을 만들려고 했다. 음식물 쓰레기에 흙과 재와 풀을 섞어 퇴비로 만드는 박스형 퇴비장. 두 칸으로 나누어 한쪽은 발효 칸, 다른 한쪽은 보관 칸으로 쓸 생각이었다. 제작 방식은 단순하다. 구조목으로 직육면체 프레임을 짠 후 폐목재를 하단부터 착착 붙여 올리는 것이다. 여러 개의 폐팔레트에서 떼어낸 폐목재라 색도 제각각이고 못 자국도 많다. 균일하지 않아서 오히려 매력적이다.

삼면의 벽을 세우고 나니 남편의 마음이 바뀐다.
"퇴비장으로 쓰기엔 너무 아깝다. 정원용 헛간으로 쓰자."
"그럼 음식물 쓰레기는?"
"고무 통을 하나 놓지, 뭐."

퇴비장으로 쓴다면 바닥이 뚫린 박스형 구조 위쪽에 여닫는 뚜

헛간 내부에 선반을 달아
정원 일에 필요한 각종 연장을 수납한다.
장화 걸이대를 만들어 이리저리
널브러진 장화를 걸어 놓으니
헛간이 깔끔하다.

껑을 달았을 테지만, 정원용 헛간으로 용도를 변경했으니 앞을 개방하고 마룻바닥을 깐 뒤 지붕을 씌우기로 한다. 흙 위에서 비바람에 상시 노출될 물건이니 목재를 일일이 샌딩할 필요도 없다. 길이 맞춰 자르고 나사로 박으면 끝이다. 알루미늄 지붕재를 얹고 경사각을 주어 빗물이 뒤로 흐르게 한 후, 물받이 홈통을 댄다.

내부에 선반을 달아 삽과 괭이, 전지가위와 호미를 걸고, 식물 지지대와 고정끈, 토시와 장갑을 수납한다. 장화 걸이대도 만들어 선반 아래 붙인다. 비가 들이치지 않는 안쪽 구석에 못을 박아 튤립과 알리움 구근이 담긴 망을 건다. 여름 동안 보관했다가 가을에 다시 심을 생각이다. 쓰다 남은 상토와 퇴비도 비를 맞지 않도록 들여놓는다.

정원 일에 필요한 연장들이 한데 모여 있으니 필요할 때 즉시 꺼낼 수 있어 편리하다. 처음부터 헛간으로 계획했다면 키 큰 헛간을 만들었을 텐데, 퇴비장에서 용도를 바꾸다 보니 키 낮은 헛간이 되고 말았다. 그래도 아담하니 마음에 든다.

자투리 아트, 우체통

새 집에 이사한 후에도 한동안 우체통 없이 지냈다. 당장 필요한 가구도 만들어야 하고, 정원에 나무와 화초도 심어야 하고, 잔디도 사다 깔아야 하고……. 일이 끝이 없어 우체통까지 신경 쓸 여유가 없었다. 어느 날, 우편물을 가져오신 집배원과 딱 마주쳤는데 집배원께서 대뜸 "우체통이 없으니 불편하네요." 하신다. 그제야 아차 싶다. "죄송해요. 바로 만들어 놓을게요."

자그마한 우체통이니 자투리 목재로도 충분하다. 겨울에 땔감으로 쓰려고 쌓아 둔 자투리들 속에서 길이가 적당한 것으로 몇 장 추렸다. 버려질 것, 태워질 것을 살려 쓰는 재미가 있다.

우체통을 어떤 모양으로 만들지 구상이 서자 일이 일사천리로 진행된다. 줄자로 길이를 재어 앞판, 뒤판, 양쪽 옆판, 지붕재를 재단한다. 지붕 각도는 15도가 되게 한다. 우체통 문이 될 작은

주차장 입구에 우체통을 세웠다.
몸체엔 흰색 페인트, 지붕과 기둥엔
갈색 오일 스테인을 칠했더니
단순하고 깔끔하다.

나무토막 두 개를 목심과 본드로 이어 붙인다. 본드가 굳은 후 손잡이를 달고, 경첩을 이용해 우체통 본체와 결합한다. 비가 새지 않도록 방수 작업도 한다. 마침 집 짓고 남은 방수포가 있다. 우체통 상부를 방수포로 덮고 그 위에 방부목 지붕재를 얹어 나사로 고정한다. 이 정도면 총체적인 자투리 아트다.

우체통 자리를 정해 땅을 파고 주춧돌을 묻는다. 시멘트 주춧돌 위에 방부목 기둥을 세우고, 기둥 위에 우체통을 올려 단단히 고정한다. 행여 빗물이 들어갈까 싶어 실리콘으로 목재 사이의 빈틈을 메우고, 거친 모서리를 사포질한 후 페인트와 오일 스테인을 칠한다.

마지막으로 우체통이 새집이 되지 않도록 예방 작업을 한다. 강화 집에 살 때, 해마다 봄이 되면 작은 새들이 우체통에 들어가 살림을 차렸다. 봄마다 벌어지는 새와 나의 우체통 쟁탈전을 현명하게 끝내야 한다. 두께가 있는 투명 필름을 적당한 크기로 잘라 우체통 문 안쪽에 붙여 준다. 우편물은 쑥 밀어 넣을 수 있지만, 새는 투명 필름에 막혀 못 들어가도록!

박새랑 곤줄박이가 우체통 근처를 날며 삐비삐비- 야단이다. 야박하다고 흉보는 건가.
"알았다, 알았어. 둥지 틀 새집 지어 주면 될 거 아냐!"

새들에게 둥지를

봄이면 곤줄박이, 박새, 딱새 같은 작은 새들이 우체통을 탐낸다. 우체통 안에 마른 이끼와 검불 따위가 들어 있다면 새의 둥지로 낙점되었다는 표시다. 후미지고 좁고 아늑한 장소를 찾아다니는 새들에겐 우체통만큼 유혹적인 장소도 드물 것이다. 둥지 틀기가 막 시작됐다면 검불을 쓸어 내고 입구를 막아 새들을 포기시키겠지만, 이미 둥지가 상당히 만들어진 뒤라면 차마 새들을 쫓지 못한다.

강화에 살 때, 처음 만든 우체통이 새집이 되었다. 집배원께 말씀드려 한동안 우편물을 다른 바구니에 받았는데, 담당 집배원이 쉬는 날, 사정을 모르는 다른 집배원이 우편물을 우체통에 쑤셔 넣고 말았다. 갓 낳은 새알 하나가 둥지에 있었고, 어미 새는 다시 돌아오지 않았다. 나도 마음의 상처를 입었다. 그 후론 우체통을 새들에게 빌려줄 때 반드시 '새 둥지'라는 팻말을 붙였

느릅나무 새집에 박새가 입주했다.
둥지를 짓기 위해 검불을 물어 나르느라 바쁘다.

고, 아기 새들이 이소할 때까지 마음을 기울여 살폈다.

우체통을 불안하게 새와 나눠 쓰느니, 아예 새의 몫으로 집을 지어 주는 편이 낫다. 새집의 모양은 우체통과 비슷한데, 만드는 과정은 더 쉽다. 나무 위에 매달아 주면 되니, 기둥목을 세우거나 기초석을 묻어야 하는 번거로움이 없다. 여닫는 문을 달 필요도 없다. 새들이 드나들 작은 구멍 하나면 충분하다. 어미 새가 들어가 알을 낳고 품으면 그 구멍으로 아기 새들이 나올 것이다.

새집도 자투리 목재를 사용한다. 하나로는 부족할 게 뻔해서 세 개를 만든다. 비가 새면 안 되니 지붕 아래에 방수포를 끼우고 목재의 틈을 실리콘으로 메운다. 집 주변의 느릅나무, 층층나무, 밤나무에 새집을 각각 하나씩 매달아 준다. 집 안에서 유리창으로 살피니 몇 분 지나지 않아 박새와 곤줄박이들이 이집 저집 기웃거리며 들락날락한다. 집이 마음에 드는 모양이다. 새들의 선택을 기다리는 내 가슴이 통통 뛴다. 박새 두 쌍과 곤줄박이 한 쌍이 각각 집 한 채씩 차지하더니 검불을 물고 바삐 드나든다. 아, 행복해.

3.
막막과 만만 사이

도시에 살 때는 내 손이 자판을 두드리는 것 말고 무엇을 할 수 있는지 잘 몰랐다. 도전해 본 적이 없으니 확인할 기회도 없었다. 나는 시간과 노동력을 직장에 바쳤고, 그렇게 번 돈으로 타인의 시간과 노동력을 샀다. 집도, 음식도, 옷도, 가구도, 청소까지도 외주가 가능했다. 덕분에 나는 직업인으로서 업무에 집중하며 살 수 있었다.

지금의 나는 일상 유지에 필요한 대부분의 일을 내 손으로 직접 한다. 필요한 물건이 있으면 '무슨 제품을 살까?' 생각하기보다 '어떻게 만들까?'를 고민한다. 쓰던 물건이 부서지거나 고장 나면 '전문가를 불러야겠다.'는 생각 대신 '어떻게 고칠까?'를 궁리한다. 재생 불능으로 망가진 물건을 쓰레기봉투에 넣으려다가도 '다른 용도로 활용할 순 없을까?' 하며 잠시 멈춘다. 마음이 저절로 그 방향으로 간다. 물론 범접 불가 분야(예컨대 전자 제품)

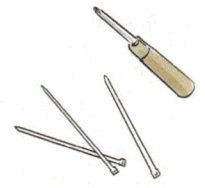

는 당연히 예외지만 말이다.

문제가 생겼을 때는 직접 해결하려고 애쓴다. 내가 사는 곳이 도시만큼 생활 인프라가 갖춰져 있지 않아 문제를 해결해 줄 전문가를 찾는 것이 제한적이기도 하지만, 들여다보고 궁리하고 해결하는 방식을 선호하는 내 성향도 한몫한다. 내 손으로 해결하려면 당연히 시간과 노고가 든다. 하지만 전문가를 찾아 상황을 설명하고 사람을 맞이하는 일련의 과정에 에너지가 덜 드는 것도 아니다. 지금 나는 내 손이 뭘 할 수 있는지 안다. 내가 할 수 있는 일인데 굳이 사람을 부를 이유가 없다.

마을에 수도가 들어오기 전, 지하수를 쓸 때의 일이다. 설거지를 하려는데 물이 나오지 않았다. 지하수 모터 박스 뚜껑을 여니 자동 압력 스위치가 작동하지 않는다. 지하수 모터에 대해 아는

3. 막막과 만만 사이

게 없으니 당황스럽다. 정보 검색을 통해 압력 스위치가 소모품이란 걸 알게 된다. 소모품이라면 새것으로 교체하면 되겠지. 제품명을 확인해 동일한 제품을 구입한다. 압력 스위치를 교체하기 전, 기존 전선의 연결 상태부터 촬영한다. 작동 원리는 몰라도 그림 맞추기는 할 수 있으니까. 전원 코드를 뽑고, 드라이버로 나사를 풀어 새 제품으로 교체하고, 촬영한 사진을 보며 전선을 똑같이 연결한다. 잘될까? 두근두근하며 전원을 켜니 위이잉~ 모터가 작동한다. 수도꼭지에서 물이 콸콸 쏟아진다. 그 성취감이란!

내가 시골살이를 처음 시작한 20년 전만 해도 유튜브 같은 플랫폼이 없었고, 내 휴대전화는 최소한의 통신 기능만 갖춘 폴더폰이었다. 그러나 지금은 인터넷에 다양한 정보가 넘쳐 나고, 휴대전화만 있으면 언제든 쉽게 정보에 접근할 수 있다. 마음만 먹

으면 얼마든지 문제를 직접 해결할 수 있다는 뜻이다. 나는 정보의 바다에서 적절한 해결책을 찾고 필요한 물품을 인터넷으로 구매한다. 고장 난 방문 손잡이와 방충망을 교체하고, 주방 후드를 직접 설치한다. 불 꺼진 매입등과 전기 안정기를 바꾸고, 물이 새는 싱크대 수전도 교체한다. 현관에 신발장을 설치하고, 주방 타일에 선반도 단다.

나는 진화했다. 어지간한 일은 내 손으로 해결하는 쪽으로. 문제가 발생하면 전문가를 찾기 전에 먼저 문제의 원인을 찾는 쪽으로. 안 해 본 일을 해 보는 것, 몸과 손의 제한을 두지 않는 것, 두렵던 것이 더 이상 두렵지 않게 되는 것, 그 느낌이 참 좋다. 해 보기 전엔 '막막'하지만 일단 해 보면 '만만'해진다. 모양이 비슷한 ㄱ과 ㄴ이 뒤집히면 전혀 다른 의미를 만들어 내듯, 익숙한 관성을 거스르면 의외의 자유로움을 만나게 된다.

일당을 벌다

주방 후드 설치

집 짓기의 마침표는 싱크대 설치다. 욕실과 주방 벽의 타일 작업이 끝나고, 도배 팀이 들어와 벽지를 붙이고, 바닥 장판까지 깔고 나면 마지막으로 싱크대가 들어온다. 한 달여 전 싱크대를 주문할 때, 개수대와 작업대와 조리대의 위치와 간격, 하부장의 구조를 도면으로 그려 업체에 전하면서 가스 쿡탑과 주방 후드(침니형)는 직접 구입해 놓겠다고 말했다.

싱크대를 설치하는 날, 업체 사장님이 주방 후드 설치비를 개당 5만 원씩 추가로 받는다고 하신다. 본채 주방과 별채 주방 두 곳에 설치해야 하니 합치면 10만 원이다. 이미 목수 팀이 벽에 후드 배관 구멍을 뚫어 놓았고 전기 팀이 전기 콘센트 연결까지 해 놓았는데 후드 설치가 뭐 그리 어려울까 싶다. 그냥 내가 알

주방 후드를 설치했다.
설명서를 보고 차근차근 해 나가면 별로 어렵지 않다.

아서 하겠다고 했다.

싱크대 설치를 끝내고 업체 사람들이 떠난 후, 어수선한 주방 바닥에 주저앉아 주방 후드 박스를 개봉한다. 설명서를 찬찬히 읽어 보니…… 음, 알 것 같다. 벽에 브래킷을 박고, 후드를 걸고, 배기 호스를 연결하고, 전기 코드를 꽂으면 되겠네. 즉시 전동 드릴을 들고 달려들어 별채 주방과 본채 주방에 후드 설치를 끝내 버렸다. 하나도 어렵지 않았다. 전기를 꽂고 스위치를 누르니 위이잉~ 잘 작동된다. 일당 벌었네!

직수형 정수기

집 짓는 동안 잠시 살던 연립 주택에서 새로 지은 집으로 이사하려니 몇 가지 처리해야 할 일이 있다. 도시가스 정산 요청, 우편물 주거 이전 신고, 인터넷과 정수기 이전 설치가 그것이다. 다른 일들은 모두 마무리되었는데, 정수기 이전을 요청한 지 일주일이 지났는데도 업체에서 연락이 없다. 서비스 센터에 다시 전화하니 상담원이 "최대한 빨리 기사님을 보내 드리겠다."고 한다. 그 순간 '내가 왜 이걸 요청하고 있지?' 하는 자각이 번쩍 들었다. '싱크대 위에 놓고 쓰는 직수형 정수기니까 수도 연결만 해체하면 되는 거 아닌가? 그다지 복잡한 일은 아닐 것 같은데?' 상담원에게 "기사님이 안 오셔도 될 것 같다."고 말하고 전화를 끊었다.

싱크대 문을 열고 개수대 밑을 들여다보니, 수도관에 연결된 정수기 호스 어댑터가 보인다. 멍키 스패너만 있으면 되겠다는 생각이 직관적으로 든다. 해 보자. 어려워서 못하는 게 아니라 해 보려는 시도조차 하지 않으니 어려운 거다. 먼저 수돗물이 나오지 않도록 앵글밸브를 꽉 잠그고, 정수기의 물을 모두 뺐다. 호스에 남아 있는 물이 흐를 것 같아 마른 수건으로 밸브 하단을 감싸고, 멍키 스패너로 정수기가 연결된 냉수 호스 쪽 육각너트를 차근차근 풀어낸다. 정수기 어댑터를 분리한 후 다시 냉수 호스를 제자리에 연결하고 앵글밸브를 원상 복귀시킨다.

해체한 정수기를 새 집 주방에 다시 설치한다. 분리했던 역순으로 조립한 후 정수기 다이얼을 돌리니 물이 시원하게 나온다. 또 일당 벌었군!

싱크대 수전

개수대 하부장에 수납한 프라이팬을 꺼내려다 수전 호스 아래 놓인 그릇에 물이 고여 있는 걸 발견했다. 어, 뭐지? 늘어진 수전 호스를 만지니 물기가 축축하다. 물기가 조금씩 아래로 내려와 물방울로 맺혀 떨어지고 있었다. 이런! 호스가 새는구나.

정수기 어댑터도, 싱크대 수전 호스도,
멍키 스패너와 펜치만 있으면
얼마든지 풀고 조일 수 있다.
작업 전, 수도 앵글밸브 잠그는 것만
잊지 않으면 된다.

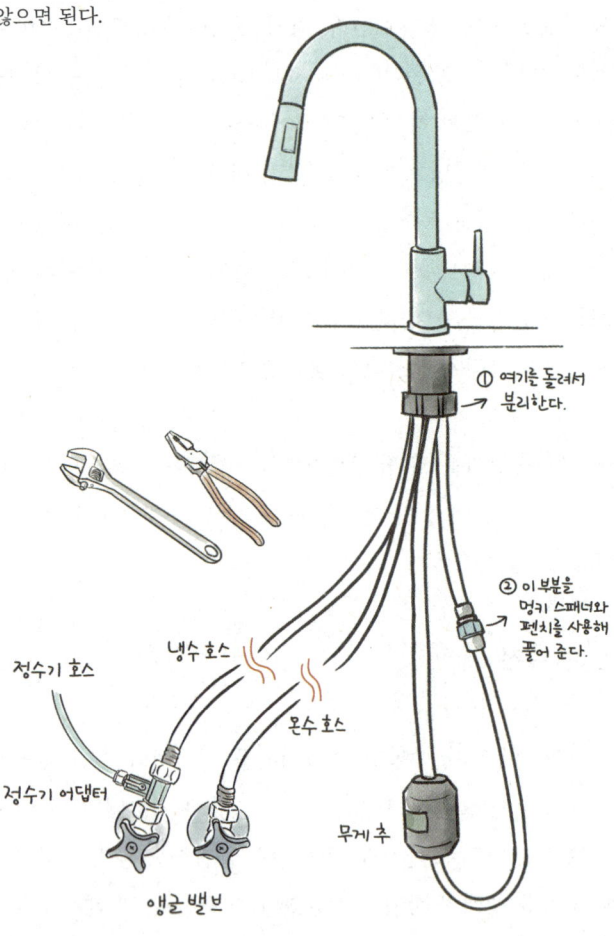

설치한 지 5년이 넘은 수전이다. 겉보기엔 스텐 호스지만, 스텐 속에 튜브형 호스가 있어서 그 안으로 물이 통과한다. 아무래도 호스 내부에 균열이 생긴 것 같다. 물이 새는 문제를 해결하려면 호스만 교체해도 되지만 나는 수전 전체를 바꾸기로 한다. 수전 헤드도 오래되어 호스만 바꿔서는 오래 쓰지 못할 듯싶다.

주문한 수전이 도착했다. 먼저 앵글밸브를 잠가 수도를 차단하고, 기존 수전을 싱크대 아래쪽에서 풀어 분리한다. 무게 추를 떼어낸 후 U자형으로 늘어진 호스의 연결 부위를 멍키 스패너와 펜치를 이용해 풀어 수전을 개수대에서 분리한다. 그 자리에 새 수전을 설치한 후 잠갔던 앵글밸브를 풀고 손잡이를 여니 물이 쏟아진다. 당연히 물도 새지 않는다. 성공!

특별함을 얻다

첫 집을 지을 땐 현관 신발장을 붙박이로 제작했었다. 싱크대 업체가 붙박이 가구도 제작한다기에 일괄 주문해 설치한 것이다. 남도로 내려와 두 번째 집을 지으면서는 싱크대만 주문하고 신발장에 대한 판단은 미뤘다. 뭔가 다른 방법이 있을 것만 같아서였다.

새 집의 현관은 현관문을 가운데 두고 좌우로 공간이 있는 구조다. 실내에서 봤을 때 왼쪽은 신발장 자리, 오른쪽은 수납장 자리다. 각 공간은 ㄷ자형으로 삼면이 벽이다. 육면체 수납장으로 치면 천장과 바닥을 포함해 다섯 개 면이 이미 형성되어 있는 셈이다. 여기에 굳이 MDF 붙박이 자재를 덧댈 필요가 있을까? 앞쪽에 문만 달면 충분할 것 같은데?

머릿속으로 시뮬레이션을 해 본다. 칸칸이 선반을 다는 건 어렵지 않지만 문을 만드는 것은 난이도가 있다. 미닫이문이 좋긴 한데 현관 폭이 좁아 문을 옆으로 밀 공간이 넉넉하지 않다. 여닫이로 하려면 문이 가벼워야 할 텐데, 자재와 구조가 쉽게 떠오르지 않는다. 일단 문에 대한 고민은 뒤로 미루고, 당장 신발과 잡동사니를 넣을 수납 선반부터 짜기 시작했다.

좌우 공간의 크기를 줄자로 재어, 신발장과 수납장을 각각 몇 개의 칸으로 나눌지, 각 칸은 어느 정도의 높이로 만들지 정해서 벽면에 표시한다. 신발장은 아홉 칸, 수납장은 다섯 칸이 적당해 보인다. 공간의 깊이와 칸의 개수에 맞춰 목재를 재단한다. 시골살이 주먹구구식 목공이라 해도 원형톱과 전동 드릴은 필수다. 선반 지지대가 될 각목에 전동 드릴로 미리 구멍을 뚫어 놓는다. 구멍을 내지 않고 나사를 박으면 각목이 쪼개지기 때문이다. 벽면에 표시한 위치마다 각목을 나사로 박아 고정시킨다. 좌우로 고정시킨 각목 위에 재단한 목재를 얹어 선반을 완성한다. 문 없는 신발장과 수납장이 만들어졌다.

문을 달지 못한 채 몇 달이 흘렀다. 텃밭과 정원 일로 바쁘기도 했지만, 자재와 방식에 확신이 서지 않아 더 손댈 수가 없었다. 차일피일 미루며 지내던 어느 날, 김 팀장이 집에 오셨다. 전문가의 조언을 구할 좋은 기회다. 내 고민을 듣던 김 팀장께서 뜻밖의 아이디어를 낸다. "나무문 대신 커튼으로 가림막을 하면

현관 신발장 만들기

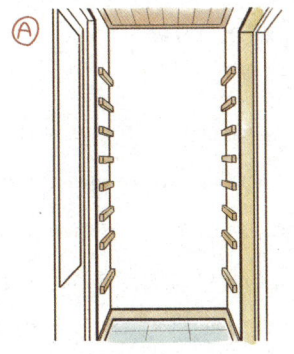

Ⓐ 신발장이 들어갈 공간을 재어 각 선반의 위치를 벽에 표시한다. 선반 지지대가 될 각목을 양쪽 벽면에 박는다.
Ⓑ 재단한 합판을 각목 위에 얹는다.
Ⓒ 커튼을 만들어 단다.

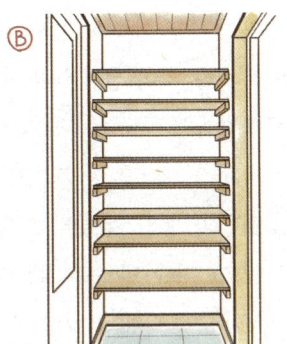

어떨까요. 예전에 어떤 집에 갔는데, 잡동사니 수납 선반 앞에 예쁜 커튼을 쳐 놓았더라고요. 나름 감각적이고 좋던데요." 그 순간 '신발장엔 반드시 문이 있어야 한다.'는 갇힌 생각에서 벗어났다.

바느질이야 어렵지 않지. 원단 상자를 뒤지니 가림막 커튼으로 쓸 만한 스트라이프 무늬 원단이 몇 종류 있다. 서로 어울리도록 색상을 맞춰 커튼을 만든다. 신발장용과 수납장용을 서로 다른 톤의 커튼으로 만들어 변화를 준다. 커튼 봉을 구입해 설치하고 커튼을 거니, 신발과 잡동사니가 가려져 현관이 산뜻하다. 커튼을 슬쩍 들추는 동작만으로도 신발과 물건을 꺼낼 수 있으니 사용도 편하다. 현관 분위기가 특별해진 것은 덤이다. 커튼은 유연한 소재라 분위기를 바꾸고 싶을 땐 언제든 교체할 수도 있다. 생각을 바꾸니 묵은 숙제가 풀린다.

긴장감을 견디다

다락방 형광등

다락방 형광등이 자꾸 깜박거린다. 교체한 지 1년도 안 된 것 같은데 벌써 수명이 다했나? 여벌로 사 두었던 새 형광등을 가져와 갈아 끼웠다. 그래도 여전히 깜박깜박……. 거 참 이상하다. 마트에 가서 새 형광등을 사 왔지만 이번에도 깜박깜박……. 아, 형광등 문제가 아니구나!

전기 안정기가 문제였다. 전류를 안정적으로 유지시키는 부품이 수명을 다한 것이다. 사람을 부르지 않고 직접 도전해 보기로 했다. 기존 안정기의 사양을 확인하여 똑같은 것을 구입했다. 55w 2등용 전자식, 전선 길이 50cm. 안정기 교체는 처음이라 인터넷으로 정보를 검색하고, 기존의 전선 구조를 미리 사진으로 남겼다.

다락방 천장 형광등

(전등 커버를 떼어 낸 상태)

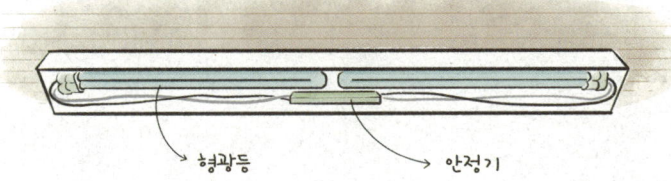

형광등   안정기

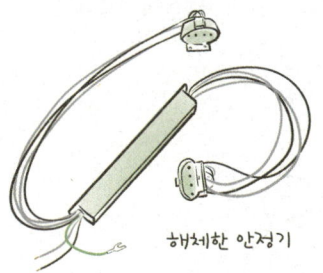

해체한 안정기

와이어 스트리퍼

니퍼

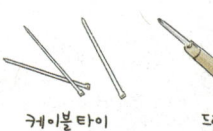
케이블타이   드라이버

직부등 교체

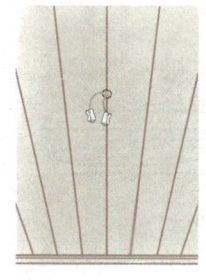
ⓐ 고장난 직부등 떼어 냄

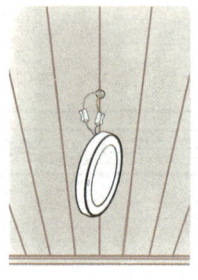
ⓑ 새 직부등 연결

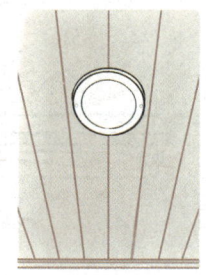
ⓒ 천장에 직부등 고정

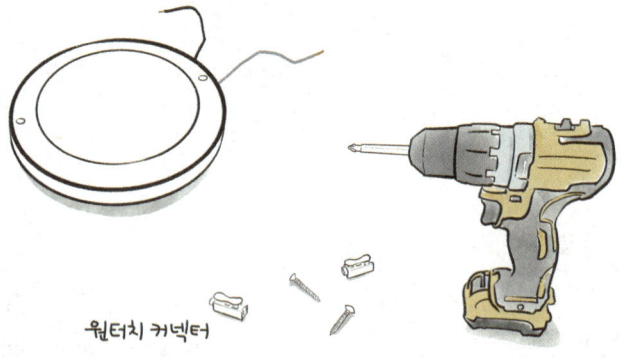

원터치 커넥터

분전함의 메인 스위치를 내리고 작업을 시작한다. 전등 커버를 분리한 후 드라이버로 안정기를 떼어 낸다. 새 안정기를 중앙에 고정하고 전선을 연결한 후 형광등을 끼운다. 잘 연결된 거겠지? 연결 여부를 확인하고자 전등 커버를 닫지 않은 채 분전함 메인 스위치를 올렸다. 전원을 켜니 환하게 불이 들어온다. 성공!

마무리 작업을 위해 다시 분전함 스위치를 내린 후, 긴 전선을 니퍼로 짧게 끊고 피복을 벗겨 다시 연결한다. 처진 전선들을 케이블 타이로 고정하니 깔끔하다. 전등 커버를 닫고 분전함 스위치를 올린 후, 다시 전원을 켠다. 다락방이 환해진다.

다용도실 직부등

주방 다용도실 전등(16W 원형 직부등)이 수명을 다했다. 전등은 소모품이라 새 전등으로 교체하면 된다. 다용도실 직부등이든 현관 센서등이든 교체 방법은 동일하다.

드라이버로 수명이 다한 직부등을 떼어 내고 전선을 빼서 분리한 후, 새 직부등의 전선을 연결하고 제 위치에 고정하면 된다. 전선 연결은 원터치 커넥터로 간단하게 할 수 있다. 예전에는 전선을 연결하려면 피복을 벗기고 여러 가닥의 구리 선을 서로 꼬아 절연 테이프로 칭칭 감았는데, 요즘은 내부 전선이 한

가닥으로 되어 있고 원터치 커넥터가 있어 끼우기만 하면 된다. 세상 쉽다.

잘 모르는 분야의 일을 해야 할 때 두려움과 긴장, 회피의 감정이 일어난다. 전기는 내게 겁나는 분야지만, 그래도 전등이나 안정기 같은 소모품이 수명을 다할 때마다 내 손으로 교체하고 있다. 겁 많은 새가슴이지만 긴장감을 한번 견디고 나면 작은 힘이 생긴다. 돈으로 해결하는 일이 점점 줄고, 내 안의 경험치가 점점 늘어난다.

타일을 뚫다

화장대 면도경

새 집으로 이사하니 텅 빈 벽에 붙여야 할 것들이 제법 많다. 욕실 벽에는 거울과 수건걸이와 휴지걸이를 달아야 하고, 주방 벽에는 컵과 조리 도구를 걸 선반이 필요하다. 필요한 물건을 사거나 만들어서 원하는 위치에 하나씩 설치하는 과정이 재미있다. 혼자 하려니 진행이 더디긴 하지만 굳이 빨리 해치울 필요도 없다. 내 집에 감각을 입히는 전 과정을 오롯이 즐긴다.

십수 년 전에 만든 원목 수납장을 화장대 겸 욕실용품 보관함으로 쓰기로 했다. 기존의 어두운 나무색이 욕실의 밝은 타일과 어울리지 않아 백색 페인트를 칠했다. 칠이 마른 후 투명 바니시를 덧칠하고 고운 사포로 문질러 욕실에 들여놓으니, 애초에 그 자리를 위해 만든 가구 같다.

화장대 위쪽 벽면에는 면도경을 설치한다. 눈앞에서 두 뼘만 멀어져도 흐려 보이는 노안 때문에 세수하고 거울을 보려면 얼굴을 바짝 들이대야 하는데, 화장대가 앞에 있어서 거울과의 거리가 너무 멀다. 이런 자리에는 가제트 팔처럼 쭉 늘어나는 면도경이 제격이다.

타일 벽에 뭔가 붙이려면 구멍부터 뚫어야 한다. 타일은 목공용 드릴비트로는 뚫을 수 없으니 타일용 고강도 드릴비트를 사용한다. 타일 벽면에서 가장 구멍이 잘 뚫리는 위치는 타일과 타일 사이의 빈틈, 즉 줄눈이 있는 자리다. 줄눈을 공략하면 일이 쉽지만, 면도경을 달고 싶은 위치는 줄눈 자리가 아니다. 어쩔 수 없다. 정공법으로 가야지.

구멍을 뚫을 위치에 마스킹 테이프를 붙이고 테이프 위에 목표 지점을 표시한다. 마스킹 테이프를 붙이는 이유는, 드릴비트가 타일 위에서 미끄러지지 않고 타격할 위치에 정확히 꽂혀 들어가도록 표면 저항을 만들기 위해서다. 타일용 드릴비트를 전동 드릴에 장착한 후 고속 해머 기능을 선택한다. 드릴비트의 끝을 표시 지점에 대고 벽면과 직각이 되도록 똑바로 세운 후, 힘껏 압력을 주어 전동 드릴을 작동시킨다. 우두두두--- 단단한 타일 속으로 드릴비트가 파고들면서 하얀 돌가루 먼지가 피어오른다.

구멍 뚫을 위치에 마스킹 테이프를 붙이고,
타일용 고강도 드릴비트로 구멍을 뚫는다.
구멍 속에 플라스틱 앵커를 박고,
브라켓을 나사로 고정한 후
면도경 본체를 결합하면 설치 완료!

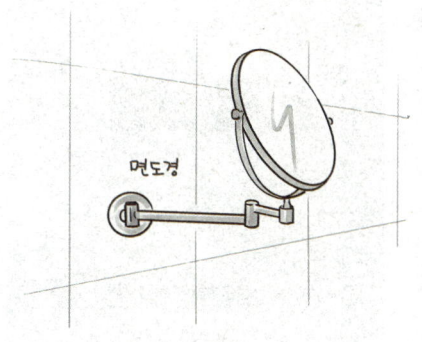

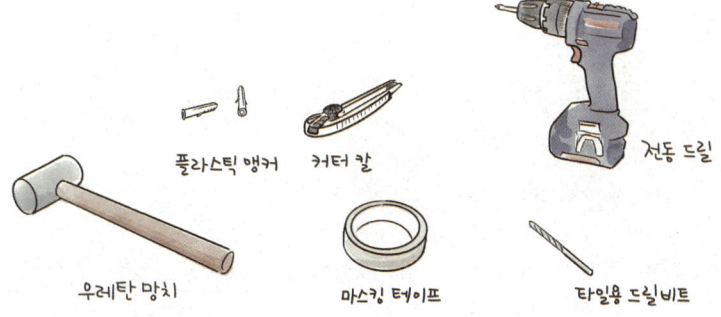

3. 막막과 만만 사이

면도경을 설치하니 코앞까지 거울을
끌어당길 수 있어서 편리하다. 변기 옆 휴지걸이도,
화장지 보관 선반도 모두 내가 만든 것들이다.
거울이든 선반이든, 타일에 구멍 뚫고
앵커를 박아 나사로 고정하는 방법은 동일하다.

타일 구멍을 두어 개 뚫으니 드릴비트가 불에 달군 듯 뜨거워지며 쇠가 타는 냄새가 난다. 물을 뿌려서 비트를 식혀 준다. 날이 망가져 못 쓰게 되는 것을 방지하기 위해서다. 뚫어 놓은 타일 구멍에 플라스틱 앵커anchor를 우레탄 망치로 두드려 박은 후 표면을 커터 칼로 깔끔하게 정리한다. 면도경 브라켓을 벽에 대고 앵커에 나사를 박아 고정한다. 벽에 부착된 브라켓에 면도경 본체를 결합한다. 설치 완료!

주방 컵 선반

노트북 앞에 앉아 골머리를 앓고 나면 머리가 손에게 바통을 넘기라고 한다. 오전엔 글의 바다에서 허우적거렸으니 오후엔 머리를 쉬게 하는 것이 마땅하다. 머리와 마음을 쉬게 하는 방법은 손을 쓰는 것이다. 글 쓰느라 애쓴 나에게 상을 준다. 스스로 주는 상은 '주방 컵 선반 달기'다.

집 지을 때 모든 창틀을 자작나무 합판으로 만들었다. 자작나무 합판은 단면의 스트라이프 무늬가 매력적이다. 자투리 목재를 뒤지다 보니 컵 선반으로 적당한 자작나무 합판 몇 토막이 눈에 띈다. 좋아, 이걸로 만들자.

자작나무 합판의 단면에 작은 철제 행거 다섯 개를 붙이고, 선

자작나무 합판 자투리를 이용해 주방 컵 선반을 만들었다.
행주로 깨끗이 닦고 예쁜 컵을 진열하니 보기에 흡족하다.

반을 지탱할 ㄱ자 꺾쇠를 합판 하단에 고정한다. 여기까진 쉽다. 이 선반을 타일 벽에 붙이는 과정은 욕실에 면도경을 다는 과정과 같다. 그러나 막상 작업에 돌입해 보니 주방 타일의 강도가 욕실 타일과는 비교할 수 없을 만큼 강하다. 타일은 재질에 따라 강도가 다르고 가격대도 천차만별이다. 고가의 세라믹 타일은 일반 타일용 드릴비트로 뚫을 수 없다. 세라믹용 드릴비트가 따로 있고 전동 드릴의 성능도 뛰어나야 한다. 다행히도 우리 집 주방 타일은 저가 타일이다. 욕실 타일보다는 강도가 높지만 세라믹 타일만큼은 아니다.

닳아 버린 드릴비트를 교체해 가며 젖 먹던 힘까지 쏟아 구멍을 뚫는다. 드릴비트에서 쇠 탄내가 난다. 무심결에 비트를 만졌다가 뜨거운 쇠붙이에 손가락이 붙을 뻔했다. 타일 구멍을 다 뚫은 후, 플라스틱 앵커를 박고 선반 하단의 꺾쇠를 벽면에 나사로 고정시킨다. 모든 작업이 끝났다.

선반을 다는 것으로 상을 받았으니 다시 일해야지. 몸을 혹사해 머리를 식혔으니 커피 한 잔 마시고 다시 노트북 앞에 앉는다. 일과 놀이, 상과 벌은 종종 상대적이다.

손이 좋아하는 일

4.

따뜻한 나무

왜 목공을 배우겠다고 결심했더라? 기억을 더듬어 보니 '반쪽이'의 영향이 컸던 것 같다. 우연히 만화가 최정현의 『뚝딱뚝딱 15평 반쪽이네 집』을 읽고, 따라 해 보고 싶어 손이 근질거렸다. 반쪽이처럼 아파트 벽을 파거나 침대를 개조할 자신은 없었지만 소품을 만드는 것은 만만해 보였다. 그 무렵 '목수 김씨'(김진송)의 『목수일기』도 접했는데 그분의 작업은 도저히 범접할 수 없어 그냥 존경하기로만 했다. 반쪽이의 작업도 난이도는 높았지만, 만화로 그린 전개도를 보니 간단한 몇 가지는 만들 수 있을 것 같았다.

아직 회사에 다니던 때라 회사에서 멀지 않은 파주의 한 공방을 찾아갔다. 주중엔 회사에 출근하고 주말엔 공방에 다니며 원형톱circular saw과 테이블쏘table saw, 직쏘jig saw, 홀쏘hole saw, 루터router, 트리머trimmer 등 전동 공구 사용법을 익혔다. 무엇을 만들

지 정한 후, 디자인하고, 재단표를 짜고, 톱질하고, 본드 바르고, 나사 박고, 페인트를 칠하고, 사포질을 하는 전 과정이 그렇게 재미있을 수가 없었다. 회사에서 일하는 평일에도 나무와 공구를 만지고 싶어 몸이 들썩거렸다. 어차피 퇴사 날짜도 정해 놓은 터라 햇병아리의 치기로 "이제부터 목수가 될 거야!"라고 떠들고 다녔다. 가슴속에 목수의 꿈이 몽글거리던 시기였다.

작업하는 동안엔 손에 쥔 목재와 공구 말고는 다른 생각이 나지 않았다. 나같이 머릿속 복잡한 사람이 잡념 스위치를 끌 수 있다니! 주말에는 점심조차 잊은 채, 오후 4시가 넘도록 톱밥 속에서 꼼지락거렸다. 목구멍을 꺼끌꺼끌 간지럽히는 나무가루의 이물감까지 마음에 들었다. 슥슥, 펜촉 굴리는 소리만 나던 책상머리에서 위이잉! 굉음을 내는 거친 전기톱의 세계로 넘어왔다는 사실만으로도 괜히 어깨가 으쓱거렸다. 빈약한 팔뚝과 허리

4. 따뜻한 나무

는 느닷없는 육체노동에 놀라 욱신거렸지만 말이다.

목공 사부님은 내게 본인이 쓸 판재는 아무리 무겁고 거대해도 직접 들어서 옮기라고 했다. 판재를 어깨에 얹어 무게 중심을 잡으면 그리 어려운 일은 아니었다. 사부님은 테이블쏘에 판재를 놓고 켜는 법, 원형톱과 수압 대패, 루터, 트리머, 벨트 샌더 등 모든 기계의 사용법을 가르쳐 주었다. 고속 회전하는 톱날의 위험성과 안정적인 작업 자세에 대해서도 귀에 못이 박히도록 강조했다. 덕분에 원목에서 가구를 완성하기까지 전 과정을 내 힘으로 통제할 수 있었다. 다른 공방에선 위험한 재단은 사부가 하고 수강생한텐 나사 결합과 채색, 사포질 같은 안전한 작업만 맡긴다던데, 우리 사부님은 대체 뭘 믿고 그랬던 걸까.

공방에서 처음 만든 건 뚜껑이 있는 세 칸짜리 상자였다. 이 상자로 구조화를 배운 후 점차 협탁, 책장, 서랍장, 탁자, 의자로 작업 영역이 넓어졌다. 원하는 가구를 디자인하고, 자재를 정하고, 나무를 재단하고 조립하고 채색하는 전 과정을 직접 결정하고 진행했다. 나는 성취감에 중독되었다. 퇴사 후 시골로 이사하면서 공방에 다시 갈 기회가 없어지고 체력과 현실을 자각하며 목수가 되겠다는 순진한 꿈도 접었지만, 이때 익힌 목공의 기본기는 이후 시골 생활에 두고두고 큰 힘이 되었다. 생각할수록 고마운 사부님이다.

침대 옆 협탁

침대 옆 협탁이 한동안 삐걱거리더니 결국 못이 빠지고 헐거워져서 못 쓰게 되었다. 그것을 버리고 난 후 거의 1년여를 협탁 없이 지냈다. 침대에 엎드려 책을 보다가 잘 때는 방바닥에 책을 툭 던져 놓았고, 자려고 벗은 안경을 마땅히 둘 곳이 없어 창문틀에 슬며시 놓아두곤 했다. 게으른 자는 뭔가 좀 없어도 웬만하면 불평하지 않고 잘 견딘다. 방바닥에 빨래가 어지럽게 쌓여 있어도, 가구에 먼지가 켜켜이 쌓여도, 화장실에서 냄새가 나도 탁월한 인내심으로 견디는데 협탁 없는 것쯤이야.

목공 기초를 배우고 나니 내 손으로 협탁을 만들 수 있겠다는 자신감이 솟구쳤다. 1년 전 버렸던 협탁도 조금 손봤다면 오래 쓸 수 있었을 텐데, 그때는 별것 아닌 못질조차 엄두를 내지 못했으니. 옛 어른들 말마따나 머리만 숭한 순 헛똑똑이다.

목공 기초를 배운 후
침대 옆에 놓을 협탁을 만들었다.
몸체는 미송 집성목,
서랍 내부는 오동나무다.
조립을 마친 후 아크릴 물감과
바니시로 마감했다.

튼튼한 미송 집성목을 잘라 협탁 제작에 들어간다. 스프러스 집성목은 나뭇결이 우아하고, 미송 집성목은 단순하며 직선적인 맛이 있다. 협탁의 형태를 스케치한 후 목재 재단표를 만들어 원형톱으로 재단한다. 다리 네 개를 따로 만들어 붙일까 하다가, 마음을 바꿔 측판(옆판) 하단을 둥글게 직쏘로 잘라 다리를 대신한다. 보기에도 좋고 만들기도 편하다. 서랍의 내부는 가벼운 오동나무 판재로 짠다. 속성수인 오동나무는 목질이 무르고 가볍다. "딸을 낳으면 뒤뜰에 오동나무를 심는다."라는 옛말은, 딸이 시집갈 무렵이면 나무를 베어 장롱을 짜줄 수 있을 만큼 오동나무가 빨리 자라는 데서 비롯된 말이다.

모든 조립을 마친 후, 자투리 나무토막으로 손잡이를 만들어 서랍에 단다. 기성품 손잡이보다 자연스러워 마음에 든다. 협탁의 각진 모서리를 사포로 둥글게 다듬은 후 나무색 아크릴 물감을 칠한다. 물감이 잘 마르면 그 위에 수성 바니시를 바르고, 사포질 후 다시 덧칠을 한다. 400방 사포로 마무리하여 침대 옆에 놓으니 썩 마음에 든다. 드디어 책과 안경을 내려놓을 자리가 생겼다.

서랍이 달린 책장

아이의 책장으로 사용하던 MDF 상자들을 볼 때마다 마음에 걸렸다. 기왕이면 MDF 대신 튼튼한 나무 책장을 짜 주고 싶다. 책만 꽂을 수 있는 책장은 재미없다. 책꽂이에서 고른 책을 잠시 내려놓을 여유 공간이 있는 책장, 노트와 수첩, 붓과 물감, 스케치북까지 쓸어 담을 수 있는 큰 서랍이 달린 책장을 상상한다. 아무래도 일이 커질 것 같다. 의욕이 하늘을 찌르니 그냥 돌진한다. 목공을 배우기 시작한 첫해의 일이다.

원하는 책장을 그림으로 그린 후 재단표를 만든다. 목재는 미송 집성목을 사용한다. 위에서부터 아래까지 하나의 판재로 측판을 재단한다. 책장의 상단과 측판의 앞쪽에 목재를 덧대어 안정감을 주고, 뒷면에는 커다란 합판을 붙여 직각을 잡는다. 테이블 역할을 하는 상판의 가장자리는 트리머로 살짝 깎아 굴려 준다. 손끝에 닿는 곡면이 부드럽다. 서랍 내부는 가벼운 오동나무, 서

내가 만든 가구 중에 가장 큰 가구다.
책장에는 어린이책을 꽂고,
작은 서랍에는 학용품을,
큰 서랍에는 장난감과 레고를 수납한다.
서랍이 커서 활용도가 높다.

랍의 앞판은 본체와 같은 미송 집성목이다. 서랍에는 철 레일 400mm를 사용하고, 동그란 원목 손잡이를 단다. 책장의 발은 단단하고 내구성이 좋은 목재로 만든다. 칠을 두 번 덧발라 원하는 색상으로 맞추고, 그 위에 수성 바니시를 세 번 덧발라 완성한다.

아이 방에 들여놓고 어린이책과 인형을 수납한다. 무늬 필름을 붙인 MDF 가구와 달리 묵직하고 오래된 느낌이 난다. 새 가구인데도 묵은 맛이 나는 건, 내 손으로 만든 가구들의 공통된 특징이다.

물고기 손잡이 수납장

남편이 농막에서 쓸 수납장을 하나 짜 달라고 한다. 작업복과 수건, 속옷, 양말 등을 종이 상자에 담아 두고 꺼내 쓰는데 뒤죽박죽이라 몹시 불편하단다. 몇 년째 홀로 농막에 기거하며 농사 짓고 사는 홀아비 꼴이 오죽할까. 온갖 살림살이와 옷가지와 잡동사니가 뒹구는 그의 농막이 눈에 선하다. 강화의 집이 팔리지 않아서 남편 혼자 남도에 내려가 살던 때의 일이다.

'문이 없는 수납장으로 만들까? 아냐, 어수선해 보일 거야. 아무래도 문짝은 있어야겠지?' 머릿속으로 수납장의 구조와 제작 순서를 빠르게 그려 본다.

굳이 돈 들여 새 목재를 살 것 없이, 주워 와서 해체해 둔 폐팔레트 목재를 쓰기로 한다. 녹슨 못과 타카 핀을 어렵사리 빼고 심하게 부서지지 않은 것만 골라서 모아 뒀는데 이참에 유용하게 쓰겠다. 표면이 거칠고, 못 자국도 많고, 까만 곰팡이도 퍼져 있으니 표면 샌딩은 필수다.

전동 샌더로 거친 표면을 갈아 내기 시작한다. 부르르를르르……부르르를르르……. 샌더로 목재 표면을 가는 일은 몹시 힘들다. 샌더를 끄고 난 후에도 두 손바닥에 후들후들 여진이 남는다. 나무가루는 얼마나 많이 나오는지 머리카락과 온몸에 흰 가루가 내려앉는다. 안경알에도 나무가루가 허옇게 붙어 시야가 뿌옇다. 마스크를 하면 안경에 입김이 서리고, 마스크를 안 하면 목이 칼칼해 구역질이 난다. 거친 폐목재를 다듬는 일에 에너지의 절반을 쓴 것 같다. 새 목재를 썼더라면 안 해도 될 고생이다.

몇 시간에 걸쳐 지루한 샌딩을 마쳤으니 이제 신나는 조립의 시간이다. 자투리 각목을 잘라 판재와 결합하여 수납장의 측판을 만든다. 각목의 위치는 선반이 들어갈 자리이기도 하다. 박스 형태로 조립한 후 뒷면에 합판을 붙여 직각을 잡고 내부에 선반을 얹는다. 못 자국이 많지만 굳이 감추려 애쓰지 않는다. 폐목재에 새겨진 상처의 역사가 홀아비 농부의 수납장으로 수렴될 것이다.

목재를 45도로 재단해 액자처럼 결합한 후 10mm 합판을 붙여 문짝을 만든다. 튼튼한 경첩을 사용해 두 개의 문을 수납장에

목재로 박스형 구조를 만들고
뒷면에 합판을 붙여 직각을 잡는다.
내부에 선반을 단다. 액자 모양의
문을 만들어 경첩으로 몸체와 연결한다.
수납장에 발과 물고기 손잡이를 달고
채색을 한다.

붙인다. 가구 발도 있어야 한다. 수납장에 발이 없으면 가구로서 품격이 떨어진다. 굴러다니는 자투리 소나무 토막이 가구 발로 안성맞춤이겠다. 10cm 높이 나무토막의 한쪽 면을 15도 각도로 깎아 둔해 보이지 않게 한다. 가구에 발을 다는 작업은 혼자 하기 만만찮다. 두 손으로 수납장 한쪽을 치켜들고 발끝으로 나무토막을 살살 밀어 수납장 밑에 네 개의 발을 넣는 데 일단 성공했다. 자와 손가락 끝 감각을 이용해 발을 하나씩 움직여 위치를 맞춘 후, 수납장 안쪽 바닥에서 나사를 아래로 박아 결합시킨다. 누가 잡아 주기만 해도 쉬운 일을 혼자 하려니 끙끙대며 용을 쓰게 된다.

손잡이는 뭐로 할까 궁리하던 중, 공구함의 먼지 구덩이에서 물고기 두 마리를 발견했다. 수년 전 어느 날, 손이 심심해서 참나무 자투리로 눈먼 물고기 두 마리를 대충 깎았는데, 딱히 쓸 데가 없어 공구함 한쪽에 던져 놓고 잊고 있었다. 그 천덕꾸러기가 이 순간 눈에 띌 줄이야! '이걸 손잡이로 써야겠군!' 물고기의 먼지를 닦고, 색칠하고, 드릴로 눈을 뚫는다. 눈먼 물고기가 '개안'을 했다. 물고기 눈에 검은색 나사를 박아 문에 고정시킨다. 밖에서 보면 나사가 하나지만 문 안쪽에서 물고기 몸통 쪽으로 박은 숨겨진 나사가 하나 더 있다. 나사를 두 개 박아야 손잡이가 헛돌지 않고 제자리에 고정된다.

마지막 작업은 스테인 칠하기다. 문은 벽돌색과 짙은 갈색 두 가지로, 몸체는 짙은 갈색 하나로만 칠한다. 수납장 내부는 굳이 칠하지 않는다. 첫 번째 칠이 마른 후 사포질하고 한 번 더 칠해준다. 두 번째 칠이 마른 후 400방 고운 사포로 쓰다듬듯 문질러 마무리한다.

드디어 완성! 폐팔레트와 자투리 목재로 만든 세상에 하나뿐인 수납장이다. 볼수록 마음에 든다. 몸체도, 선반도, 문짝도, 발도, 크기가 서로 다른 물고기 손잡이도 참 예쁘다. 아무짝에도 쓸모없어 보이던 것들이 때를 만나니 이렇게 빛나는구나!

공장에서 막 나온 새 물건보다 누군가의 손길이 닿은 낡은 물건에 마음이 끌린다. 버려진 걸 되살리는 일이 새 물건을 사서 쓰는 것보다 백 배 즐겁다. 폐목재가 새 수납장이 되어 그의 농막으로 가더니, 몇 년 후 농부의 손때가 묻어 반질반질한 낡은 수납장이 되었다. 새것과 낡은 것의 경계는 종종 모호하다. 분명한 건, 색 바래고 손때 묻은 수납장이 갓 만든 산뜻한 수납장보다 온기가 느껴지고 정이 간다는 것이다.

별채를 도서관처럼

책장이 부족하여 방바닥 여기저기에 책을 쌓아 놓고 지내다가 해를 넘겼다. 책을 수납하지 않고서는 도무지 공간이 정리되지 않는다. 더 이상 미룰 수 없다. 책장을 만들자.

애초에 책장이 없었던 것은 아니다. 이사하면서 가져온 키 큰 책장이 여덟 개나 된다. 그중 집성목 책장 세 개는 별채에 겨우 들여놓았지만, 나머지 책장들은 도저히 들일 자리가 없었다. 집이 작고 창문이 많으니 키 큰 책장을 세울 벽이 나오지 않았다. 책장으로 창문을 가릴 수는 없는 노릇 아닌가. 고민 끝에 '우리 집 맞춤형 책장'을 짜기로 한다. 책장의 높이와 폭, 단의 간격까지 내가 원하는 형태로 만들 생각이다. 이런 건 기성품 구매로는 결코 해결할 수 없다.

손님용으로 지은 별채를 작은 도서관처럼 만들 생각이다. 기존

안방에 놓을 ㄱ자형 낮은 책장은
붙박이인 데다 크기도 커서,
재단만 밖에서 하고 조립은 실내에서 했다.
낮은 책장이라서 탁상 달력과 조명,
찻잔과 시집을 올려 두는
작은 테이블을 겸한다.

집성목 책장 세 개 외에 철제 책장도 있으니, 거실에 책장 두 개, 안방에 붙박이 책장 한 개를 추가로 설치하면 되겠다. 안방 창문 아래에 낮은 ㄱ자형 책장을 설치하면 탁상 달력과 작은 수면등을 올려놓을 간이 테이블 역할도 겸할 것이다.

작업을 시작한다. 우선 거실에 필요한 책장부터 만든다. 톱밥 날림이 심한 재단부터 최종 조립까지 모두 바깥 데크에서 진행한다. 책장 각 칸의 높이는 책의 판형에 가깝게 하여 책 위로 먼지가 내려앉는 것을 최대한 막는다. 신국판형 단행본, 사륙판형 시집, 사륙배판형 잡지, 국배판형 도록과 양장본 등 다양한 크기를 고려해 높이를 정한다.

재단과 조립을 다 마친 책장을 실내로 가지고 들어온다. 키 큰 책장은 난로 옆 벽에 세우고, 낮은 책장은 큰 그림이 걸린 벽 아래에 놓는다. 벽 하단의 걸레받이가 책장을 벽에 붙이는 데 방해가 되어, 하단부를 걸레받이 모양으로 오려 낸 뒤 책장 전체를 벽에 완전히 밀착시킨다. 책장이나 수납장을 만들 때는 뒤쪽에 합판을 붙여 직각을 잡아 줘야 하지만, 이 책장은 붙박이라서 뒤판을 따로 만들지 않는다. 대신 모서리 직각을 잡아 주는 삼각형 철물을 이용해 벽에 단단히 고정시킨다.

안방의 붙박이 책장의 경우, 책장이 길고 큰 데다 벽에 철물로 고정하면서 작업해야 하므로, 재단만 밖에서 하고 조립은 실내에서 한다. 이 책장 역시 하단부를 걸레받이 모양으로 오려 내어 책장 전체가 벽에 밀착되도록 했다. 사흘에 걸쳐 모든 책장의 설치를 마쳤다. 거실과 방에 소나무 향기가 진동한다.

이제 방바닥에 쌓인 책들을 분야별로 정리할 차례다. 책장 만드는 시간보다 책을 정리하는 시간이 더 오래 걸린다. 정리하다 옛 책의 기억이 블랙홀이 되어 한동안 빠져나오지 못하기도 하고, 버릴 책과 보관할 책 사이에서 수없이 갈등하기도 한다. 역사 자료가 될 만한 오래된 책은 책의 진가를 아는 분께 기증한다. 두 번 다시 읽을 것 같지 않은 책들은 한쪽에 모아 둔다. 헌책방에 팔거나 버릴 생각이다. 역사, 철학, 문학, 예술, 경제, 시사, 에세이 등등 분야별로 서가 정리를 마치고 나니 속이 후련하다.

비닐봉지 보관함

주방 다용도실 문 뒤, 비좁은 공간을 활용하고 싶다. 폭이 12cm 남짓 되는 좁은 구석이라 쓸모없어 보이지만, 조그맣고 가벼운 것을 차곡차곡 수납하기엔 맞춤한 공간이다. '비닐봉지 보관함이 딱이야!' 쓸모없어 보이는 이런 자투리 공간이 제 몫을 찾을 때 나는 신이 난다. 핸드메이드 라이프의 묘미가 이런 거지!

재료는 집 짓기 공사 후 남은 루버 조각이면 될 것 같다. 루버는 천장이나 벽의 마감재로 쓰는 목재다. 목재끼리 끼워 맞춰 연결하는 방식이라 가장자리에 요철이 있다. 먼저 그 부분을 테이블 쏘로 없앤다. 일반 목재를 썼다면 거치지 않아도 될 과정이다. 자투리 재활용에는 번거로움이 따른다.

가장자리를 깔끔하게 정리한 루버에 구멍 위치를 그린 후 홀쏘로 뚫고, 구멍과 구멍 사이를 직쏘로 잘라 타원형 구멍을 만든

총 네 칸으로 구성한 비닐봉지 보관함.
위에서부터 종량제봉투, 큰 비닐, 중간 비닐,
작은 비닐 순으로 이름표를 붙였다.
비닐봉지를 접어 위쪽 구멍으로 차곡차곡
넣고, 아래쪽 구멍으로 하나씩 빼서 사용한다.

다. 대형 가구도 아니고 구조가 복잡한 것도 아닌데, 이 자그마한 물건 하나 만드는 데 원형톱, 테이블쏘, 직쏘, 홀쏘, 일자 타카, 전동 드릴 등이 총동원된다.

내부가 총 네 칸이 되도록 타원형 구멍 중간에 칸막이를 만든다. 각 칸의 위쪽 구멍이 투입구, 아래쪽 구멍이 배출구다. 본드와 타카를 이용하여 기다란 박스 형태가 되도록 조립한다. 조립을 마친 박스를 다용도실 문 뒤 구석진 자리에 철물로 박아 고정한다.

칸마다 이름표를 붙이고, 여기저기 돌아다니던 비닐봉지들을 차곡차곡 접어서 크기별로 집어넣는다. 이제 재활용 비닐봉지가 필요할 때 바로 꺼낼 수 있고, 일일이 펼쳐서 크기를 확인하지 않아도 된다. 사소하지만 꼭 필요한 물건, 비닐봉지 보관함 덕에 주방 다용도실이 깔끔해졌다.

나를 위한 행거

행거hanger가 필요하다. 자리를 차지하는 트리형 행거보다 벽에 붙이는 방식이 좋다. 하지만 인터넷을 아무리 뒤져도 마음에 드는 물건이 없다. 자바라 목재 옷걸이나 오선지를 흉내 낸 철제 옷걸이는 취향에 맞지 않는다. '앤틱'이라며 비싸게 파는 주물 옷걸이도 내 눈엔 별로다. "차라리 내가 만들고 말지!"

자투리 목재를 몇 개 늘어놓고 폭과 길이를 따져 그중 어울릴 만한 것 하나를 선택한다. 각진 모서리를 트리머로 굴린 후 아크릴 물감을 조색해 어두운 빨간색을 칠한다. 물감이 다 마른 목재에 검은색 나사로 다섯 개의 철제 행거를 15cm 간격으로 결합한다. 어두운 빨간색 목재와 검은색 행거가 잘 어울린다. 좌우 양쪽에 벽에 고정시킬 못 구멍을 낸다. 400방 사포로 부드럽게 마무리한 후 집으로 가져와 원하는 위치에 못을 박아 고정한다. 옷을 걸 때마다 눈이 즐겁다.

욕실 입구 벽면에 행거를 붙였다.
옷을 걸지 않아도 예쁘다.
이런 감각은 기성품 행거로
충족되지 않는다.

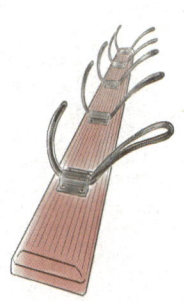
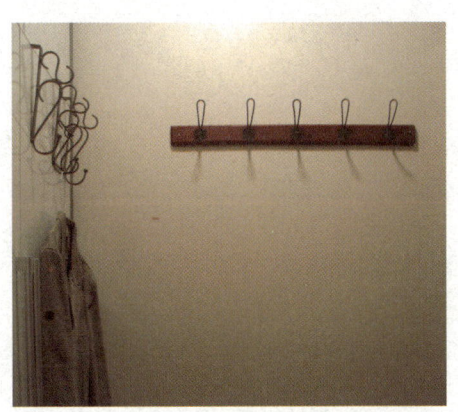

4. 따뜻한 나무

5.
형상의 기억

어쩌다 마음이 움직이면 그림을 그린다. 대부분 가벼운 드로잉인데 결과물이 생각만큼 만족스럽지는 않다. 마음이 그려 낸 상을 손이 익숙하게 구현해 주면 좋으련만, 수십 년간 다른 일에 종사해 온 손이 그림 그리는 일에 갑자기 최적화될 리 없다. 그래도 괜찮다. 비록 실력은 중고등학교 미술 시간에 머물러 있지만 제법 써먹을 데가 많다. 젖살 오른 아기의 볼을 그리고, 사랑스러운 고양이를 그리고, 목공 도면을 스케치하고, 집 설계도를 그린다. 문득 마음이 동하여 만화를 그렸다가, 뜻하지 않게 책의 삽화를 맡기도 한다. 예술적 성취에 주눅 들지 않고 형상의 주관적 구현을 즐거워한다. 미술이란 테두리는 내게 의미 없어진 지 오래다.

작은오빠는 중학생 때 골수염으로 수술을 받고, 걷지 못하는 날들을 그림을 그리며 견뎠다. 주저앉은 채 안방과 마루를 두 팔

로 짚고 다니던 오빠의 모습이 기억에 선명하다. 오빠는 어린 나를 마루에 앉혀 놓고 데생 연습을 하곤 했다. 나는 오빠가 다 됐다고 말할 때까지 꼼짝 않고 잘 참는 착한 여동생이었다. 오빠가 앉혀 놓은 자세 그대로 먼 산을 바라본 채 "아직 멀었어?" 하고 입만 달싹거리면, 오빠는 "어, 다 돼 간다." 하며 나를 달랬다. 스케치북 위를 쓱쓱 스치는 연필심 소리와, 나와 스케치북을 번갈아 보는 오빠의 시선을 느끼며 완성될 그림을 궁금해 했다.

오빠와는 아홉 살 터울이라, 내가 아직 초등학생일 때 오빠는 이미 어른이었다. 오빠는 그림뿐 아니라 기타도 잘 치고 노래도 잘하고 농담도 잘했다. 나는 오빠의 출중한 예술 재능을 우러러 봤다. 어린 나이에 나의 그림 실력을 객관화할 수 있었던 것도 재능이 뛰어난 오빠가 있었기 때문이다. 선생님께 칭찬도 받고 가끔 그림 대회에서 상도 받았지만, 오빠에 비하면 내 실력은

5. 형상의 기억

아무것도 아니라고 생각했다.

고교 시절, 미대를 지망하던 친구가 내게 함께 화실에 다니자고 꼬드길 때도 손사래를 쳤다. 내 실력으로 쟁쟁한 친구들 틈에서 경쟁할 자신도 없었지만, 무엇보다 아버지께 부담이 되고 싶지 않았다. 선배들 화실에서 생활하다 돈이 떨어진 오빠가 집에 들르는 날에는 어김없이 집안에서 큰소리가 났다. 아들의 불확실한 장래에 대한 걱정과 경제적 어려움으로 힘들어하는 아버지를 보며 나는 절대로 미술 근처에는 가지 않겠다고 마음먹었다. 자식들을 위해 아버지가 최선을 다하실 것을 알았기에 스스로 잘 판단해야 했다. 나는 진로를 국문학으로 정했다. 지금도 잘한 결정이었다고 생각한다.

대학 시절엔 울울한 심정을 가끔 그림일기로 끄적였고, 아이를 낳은 후엔 성장하는 아이의 모습을 가끔 스케치했다. 몇 년에 한 번씩 충동적으로 끄적일 뿐 일상의 취미라 할 수도 없는 수준이었다. 회사를 그만두고 출퇴근의 규칙성에서 벗어나자 몸과 마음이 날아갈 듯했다. 시골살이를 시작하고 가장 열정적으로 달려든 분야는 자연과 농사였지만, 그에 더하여 숨겨진 감각과 의욕의 봉인도 한꺼번에 풀렸다. 인생 전반부에는 전혀 예측하지 못했던 삶이 시작되었다. 인생의 후반부가 이리 잡다하고 다채로울 거라곤 상상하지 못했다.

나는 반복을 지루해하고 싫증을 잘 내는 사람이라, 이것저것 잡다하게 건드리면서도 길게 지속하지는 못한다. 목공을 하고, 그림을 그리고, 흙을 빚고, 옷을 만들면서도 하나에 꽂혀 기량을 갈고닦을 생각이 없다. 잘해야 한다는 압박도 없고, 기대에 부응해야 할 대상도 없고, 무엇을 이루겠다는 포부도 없다. 도전의 동기는 일시적 욕구, 호기심, 즐거움이고 그것이 웬만큼 충족되고 나면 아쉬움도 남지 않는다. 타고난 성향 탓도 있지만, 한때의 관심사를 미래로 끌고 갈 만큼 젊지 않다는 점도 한몫하는 듯하다. 미미한 재능을 인생의 전망과 연결하려 애쓰지 않아도 되는 나이라서 좋다.

액막이 북어

도예 작업을 해 보고 싶다는 생각은 했지만 엄두가 나지 않았다. 최소한의 공구만 있으면 혼자 할 수 있는 목공과 달리, 도예는 흙을 주물러 빚는 데서 끝나지 않기 때문이다. 물과 결합해 유연해진 흙은 강렬한 불의 세례를 받아야 형태가 고정된다. 가벼운 호기심으로 시작할 순 있겠지만 전문가의 조력 없이 완성에 이르기는 어려운 분야다.

마침 읍내 문화센터에서 도예 수업을 한다기에 신청했다. 높은 진입 장벽을 전문가의 도움으로 넘을 수 있는 기회다. 도예 선생님에게 흙을 빚는 기초를 배워 접시와 그릇, 화분 따위를 만들었다. 수강생들이 그릇의 형태를 빚어 무늬를 새기면 선생님은 그것들을 작업실로 가져가 유약을 바르고 가마에 구워서 돌려주었다. 흙과 유약이 만나 발현시킬 색상과 효과는 대략 예측할 수 있지만, 불의 영역은 도무지 알 수 없는 세계였다. 굽는 데

액막이 북어를 문설주에 걸 듯
나의 북어도 현관 중문 위에 걸었다.

만 이삼 일씩 걸릴 만큼 시간과 정성을 들였는데도, 그릇이 가마 안에서 터지기도 하고 무늬를 그린 유약이 흉하게 번지기도 했다. 불의 영역까지 파고들어 배우려면 각오와 열정, 장기적인 시간 투여가 필요한데, 내게는 그만한 열의가 없었다.

접시와 그릇을 몇 개 만들고 나니 도예에 대한 흥미가 시들해진다. 집에 있는 그릇만으로 이미 충분한데 또 만들어야 하나? 접시를 빚으려고 흙덩어리를 조물거리다가 갑자기 재미있는 상상이 떠오른다. 흙으로 그릇만 빚으라는 법 있나? 손안의 흙덩어리가 접시에서 북어로 변해 간다. 해풍에 비쩍 마른 명태, 바다로 돌아갈 수 없는 명태, "외롭고 가난한 시인"의 "안주가 되어도 좋다"는 시인 양명문의 〈명태〉를 상상하며 주물럭거린다. 북어는 대충 주물러도 북어답다. 선생님이 와서 보고 깜짝 놀란다.

"흑유를 발라 닦아 내는 방식이 좋을 것 같은데요." 보자마자 유약 처리법부터 제시하는 선생님, 전문가의 감각은 역시 다르다. 북어에 흑유를 칠한 후 닦으면 패인 홈에만 유약이 남아 마른 북어의 성질이 잘 드러날 것이다. 집을 지으면 액막이 북어를 문설주에 거는데, 흙으로 빚은 내 북어도 현관에 걸어 볼까?

백자토를 칼국수 반죽 밀듯 밀대로 죽죽 밀고, 플라스틱 빗으로 쓱쓱 빗어 빗살무늬를 새긴다. 끈을 걸 수 있도록 구멍 두 개를 뚫는다. 흑유를 발라 구우니 검고 윤기 나는 판이 만들어진다. 북어에도 흑유를 발라 표면을 닦아 낸 후 굽는다. 검은 판에 강력 에폭시로 북어를 붙이고 삼끈을 묶어 현관의 중문 위에 건다. 남편이 북어를 보더니 막걸리 생각이 난다며 입맛을 다신다. 진짜 북어처럼 보이는 모양이다.

아기 반가사유상

도예 수업에 참여해 흙을 만진 후, 첫 북어를 시작으로 새, 닭, 고래, 고양이, 개 등을 빚어 여기저기 선물했다. 그중 '병아리 품은 어미닭'과 '고래 한 쌍'이 향유 님께 건너갔다. 어느 날, 향유 님이 내게 작은 반가사유상을 하나 만들어 보라고 권했다. 이미 문화센터 도예 수업이 끝난 후였기에 그 제안을 마음속 작은 불씨로만 남겨 두었다.

회사를 그만둔 남편이 남도로 귀농하고, 팔리지 않는 강화 집에 나 혼자 머무르고 있을 때였다. 삶터가 결정되지 않아 미래가 불안정했고, 쓸쓸한 과거의 기억이 수시로 일상에 잠입하였다. 저녁 밥상을 차려 밥 한 그릇 든든히 먹고 나니 문득 밥값을 해야겠다는 생각이 들었다. 향유 님이 권했던 반가사유상이 그때 떠올랐다. 도예 수업할 때 사 두었던 백자토를 꺼내 한 움큼 뜯어 빚기 시작했다. 마음속 형상이 손을 통해 흙덩이로 내려왔다.

평화로운 마음으로 살고 싶었지만 그러지 못했으므로, 고요한 흙덩이에 날뛰는 마음을 붙들어 매고 싶었다. 흙을 주물러 머리와 팔다리의 형태를 만드는데 무른 흙이라 고정하기가 쉽지 않았다. 손가락 끝으로 조물조물 형상을 빚고 손톱으로 눈썹과 눈매, 코와 작은 입을 그렸다. 웃는 듯 마는 듯한 평온한 표정, 선정에 든 아기 부처님이 탄생했다. 더 손댈 게 없다고 느껴져 가만히 내려놓았다. 사랑스러워 눈을 못 떼겠다. 여신상을 바라보는 피그말리온의 눈길이 이랬을까.

하룻밤 지나 약간 건조된 상태에서 속을 파내고 다듬었다. 내겐 가마가 없으니 나중에 도자기 선생님을 찾아가 구워 달라고 부탁해야지.

그로부터 사흘 후, 뭐 그리 급하다고 서둘렀을까. 거실 바닥에 앉아 있다가 몸을 돌려 일어서는 순간, 작업대로 쓰던 작은 탁자에 탁 무릎이 부딪쳤다. 순간 거기 놓여 있던 아기 반가사유상이 바닥으로 툭! 떨어졌다. 아뿔싸, 목이 뚝 부러졌네! 탄식했으나 이미 늦었다.

"두 번째 화살을 맞지 말라."는 부처님 말씀은 이럴 때 유용하다. '사고'라는 첫 번째 화살은 피하지 못했으나 '후회와 집착'이라는 두 번째 화살은 나의 선택에 달려 있다. '어쩔 수 없지.' 아픈 마음

분명 내 손으로 빚었는데도
딴 세상에서 온 존재 같다.
첫 반가사유상은 무엇과도 바꿀 수 없다.
『나의 라임오렌지 나무』에서
제제의 첫 풍선처럼.

을 즉시 돌이켰다. 부러진 목을 일단 밥풀로 붙여 창가에 놓아두었다.

한 선배가 목 부러진 반가사유상을 보더니 활활 타는 장작불에 한번 구워 보라고 꼬드겼다. "한번 해 봐. 나라면 해 본다!" 그 말에 실험 정신이 솟구쳤다. 화목 보일러 장작불에 구워 볼까? 초보자의 만용과 무지가 돌이킬 수 없는 방향으로 튕겨 나간다. 보일러 화구에 참나무를 잔뜩 넣고 불을 지핀 후, 뜨거운 열기가 이글이글 고조될 때 아기 부처님을 벽돌에 곱게 앉혀 활활 타는 화구 속으로 밀어 넣었다. 잘 구워질까?

불 속에 들어간 지 1분도 지나지 않아 퍽! 퍽! 화구 안에서 폭탄이 터진다. 얼굴로 날아드는 뜨거운 파편을 정신없이 피했다. 놀란 가슴이 벌렁벌렁 쉬이 가라앉지 않는다. 까딱했으면 아기 부처님한테 맞아 죽을 뻔했다. 땅바닥에 흩어진 파편들을 망연자실 내려다본다. 아름답던 반가사유상이 온데간데없다.

허망하여라. 생명은 생로병사生老病死 하고, 물질은 성주괴공成住壞空 하며, 생각은 생주이멸生住異滅 한다 했느니……. 물질의 성주괴공을 몸 바쳐 가르쳐 주신 아기 부처님은 열반에 드시고, 귀 얇은 중생은 깨우침 하나를 얻었다.
'도자기 직화 구이는 절대 안 돼!'

첫 아기 반가사유상을 잃고 다시 만든
두 번째 반가사유상. 가마가 없어 굽지는 못하고
흙덩이 그대로 주방 창가에 놓았다.
작은 유리병에 꽃 한 송이 꽂고
반가사유상의 염화미소를 음미한다.

우울한 초상

한 가지 '생각'에서 빠져나올 수 없어 허우적댈 때는 전혀 다른 '행위'로 들어가야 한다. 낯선 것 속으로 나를 밀어 넣어야 한다. 관성의 물살에 휩쓸리고 있음을 알아챌 때, 몸을 한번 세차게 뒤틀어 보는 것이다. 퍼덕이는 물고기처럼, 물길을 거스르는 연어처럼.

아침부터 멍하니 앉아 있다가 흙 한 덩이 떼어 침묵하는 입술을 빚는다. 칼국수 반죽처럼 납작하게 밀어서 원통형으로 세운 후 눈과 코와 입술을 조물조물 매만진다. 감은 눈, 다문 입술, 귀 없는 뺨. 외부의 색과 소리를 차단한 완강한 내부. 위로를 거절하는 침묵.

우울을 흙덩이에게 맡기고 다시 일상으로 돌아간다.

눈과 코는 대강의 형태만 잡고
꾹 다문 입술만 또렷하게 빚었다.
흙 반죽을 원통형으로 세워 만든 얼굴이라,
뒤에서 보면 머릿속이 텅 비어 있다.

피노키오의 코

20여 년 전 '볼로냐 국제 어린이 도서전'에 갔다가 천진한 눈망울에 반해서 데려온 피노키오 인형. 바라보면 묘하게 마음 착해지는 효과가 있어 특별히 사랑했는데, 어느 날 높은 책장에서 떨어져 코가 세 동강 났다. 아쉬운 대로 접착제로 붙였지만 몇 번의 이사 와중에 여러 조각으로 부서져 재생 불능 상태가 되었다. 한낱 도자기 인형인데도 다친 아이를 보듯 마음 아팠다. 생명체도 아니고 부서지면 가루로 돌아갈 물건이지만, 한번 마음에 들으니 내보내기가 이리 어렵다.

"코 없는 피노키오야, 거짓말 좀 하렴. 코가 쑥쑥 자라게."
물론 그런 동화 같은 일은 일어나지 않는다. 하지만 내가 제페토를 대신할 순 있다.

무엇으로 코를 만들지? 도예 흙으로 빚어서 붙이면 금방 부서질 코를 만들 좋은 재료가 생각났다.
바로 대나무 젓가락!
젓가락의 손잡이 쪽 단면을
부러진 코의 단면에 맞춰 깎아 낸 후,
콧날을 연필 깎듯 다듬는다.
완성된 코를 접착제로 붙인다.
피노키오에게 새 코가 생겼다!

5. 형상의 기억   171

묵언수행 하던 애를 하루아침에
거짓말쟁이로 만들었구나.

것이다. 가마에 구우면 튼튼하겠지만 이렇게 작은 걸 어떻게 굽나? 구워 줄 사람도 없지만, 설사 구울 수 있다 한들 굽는 과정에서 크기가 줄어드니 부서진 단면을 맞추기란 불가능하다. 좋은 방법이 떠오르지 않아 고민하다 잠자리에 들었는데, 잠결에 불현듯 나무젓가락이 떠올랐다. 단단하고 잘 마른 대나무 젓가락이라면? 다음 날 눈 뜨자마자 바로 실행에 옮겼다.

부러진 코의 단면을 덮으려면 젓가락 손잡이 쪽 굵기는 되어야 한다. 젓가락의 단면을 연필 깎는 칼로 조금씩 파낸다. 젓가락을 피노키오의 부러진 코에 대본 후 조금 깎고, 다시 맞춰 보며 또 깎고……. 코의 불규칙한 절단면에 젓가락의 단면을 맞춰 보며 조금씩 조금씩 깎아 내는 과정을 수없이 반복한다. 드디어 코의 단면과 젓가락의 단면이 딱 들어맞는다. 완벽해!

접착 면이 해결되었으니 이제 콧날을 깎아 나간다. 피노키오의 얼굴과 몸의 균형을 살피며 콧잔등의 곡면을 자연스럽게 굴린다. 피노키오 인형의 원래 코 길이는 2cm 남짓이었는데, 그 정도에서 끊으려니 뭔가 아쉽다. 자르면 다시 길어질 수 없으니 아예 긴 코로 만들까? 젓가락을 연필 깎듯 돌려 가며 깎는다. 처음부터 너석의 코였던 것처럼 날렵하고 자연스럽게.

코의 길이가 처음 모습보다 세 배로 늘어났다. 코를 잃어버린 세월이 길었으니 세 배로 보상받았다 치지 뭐. 완성한 코를 400방 사포로 부드럽게 다듬은 후, 순간접착제를 발라 피노키오의 코 위치에 밀착시킨다. 도자기 얼굴과 나무 코가 단단히 붙는다. 마지막으로 오일을 바르니 코의 색이 차분해지고 윤기가 난다. 이리 보고 저리 봐도 영락없이 피노키오 얼굴에서 쑥 자라난 코다.

"우리 피노키오, 새사람 됐네!"

드로잉 충동

아들의 시간

출산 후 갓난아기를 안고 영등포 셋방으로 돌아왔다. 고요한 한낮, 젖살이 오른 아기의 오동통한 볼과 턱의 곡선을 바라보고 있자니 이 신비한 생명체가 내 몸에서 나왔다는 게 믿어지지 않았다. 아기의 얼굴을 그리고 싶다는 충동에 연필을 들었다.

나는 지나가는 시간을 붙들어 길게 늘인 후 스케치북 위에 고정한다. 시간의 틈을 비집고 단면을 자름으로써 보석 같은 순간을 붙잡는다. 그냥 흘러가 버렸을 순간들, 잊히고 말았을 한때의 숨결이 드로잉북 위에 고정된다.

믿기지 않을 만큼 긴 시간이 지났다. 품 안의 아기는 어느새 어른이 되었다. 아들 생일에 두 장의 그림을 카톡으로 보내 주었

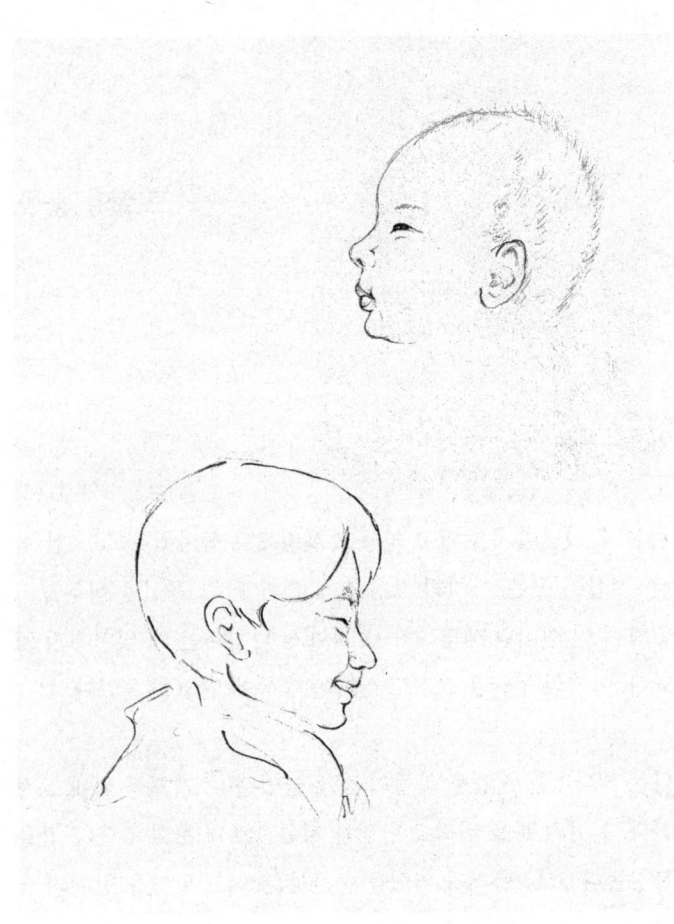

아기가 청년으로 자란 시간.
부드럽고 선한 청년으로 잘 컸구나.

다. 아들이 감탄하며 답을 보내온다.
"사랑받고 잘 컸어!"

고양이 달

거실 바닥에 주저앉아 목을 바짝 세운 채 뒷발로 제 목덜미를 탁탁탁 친다. 세상 누구도 의식하지 않는 무심하고 오만한 표정으로. 나는 안다, 저 표정 속에 든 것은 무심함이라는 것을. 무심의 가면이 아니라 진짜 무심 말이다. 고양이는 허상을 가장하지 않는다.

나는 자주 넘어지는지라, 주저앉아 뒤를 살피는 버릇이 깊다. 대체로 쓸데없는 예민함과 부질없는 망상과 잦은 반성 따위인데, 그럴 땐 혼자 가만히 곱씹고 고개를 젓고 가슴을 닳는다. 다행스러운 건 그런 복잡한 감정의 시간이 오래가지 않는다는 것이다. 망상의 연결 고리를 끊어 주는 돌발 변수가 곁에 있어서다.

"냐아앙~" 종아리에 묵직하게 실리는 체중. 꼬리를 세운 달이가 내게 기대어 문지르기를 반복한다. 나와 눈길이 마주치자 휙 뒤돌아 뛰어간다. '쫓아와~ 따라와~' 스크레처 위에 엎드려 네발로 박박 긁으며 고혹적인 궁둥이를 날 향해 돌린다. 나는 두 손으로 탁탁, 탁탁, 달의 궁둥이를 리드미컬하게 두드린다. 소규모

있는 자리가 놀이터,
이 순간이 삶의 전부.

난타 공연처럼. "냐아앙~" 달이가 좋아 뒤집어진다. 내 입가에 웃음이 번진다. 나를 괴롭히던 망상이 온데간데없이 사라진다. 인간이 걸려 고꾸라지는 고뇌의 허방 따위, 고양이는 가볍게 건너뛴다.

"달아, 지금이 우리 생의 화양연화지?"

시든 꽃

얼어붙은 겨울 낮, 한 남자가 앞마당으로 쓱 들어온다. 헤벌쭉 웃는데 앞니가 다 빠져 있다. 처음 보는 사람이다. "어, 왔어? 들어와서 차 한잔 해." 남편이 들어오라 손짓한다. 들어오자마자 털썩 거실 바닥에 주저앉은 남자, 날 향해 다짜고짜 "어허, 많이 늙었소." 그런다. "네?" 되물으니, 남편을 향해 "자네보다 더 늙어 보이는디?" 한다. "아니, 처음 보는 사람한테 그런 말을……." 남편이 당황하며 만류해도, 눈치라곤 없는 그 남자, 나한테 "나이가 몇이요?" 묻는다. "이 사람하고 동갑입니다." 대답하고 커피 한 잔 타 준 후 슬며시 자리를 떴다.

그제야 누군지 알 것 같다. 오래전 우리 논을 갈아 준 인연으로 남편과 알게 된 건넛마을 김 씨. 한때 배를 타기도 했다는데 지금은 농촌에서 임노동자로 어렵게 살고 있다고 들었다. 남편보다 한 살 아래인데 남편한테 형님이라 했다가 자네라고 했다가 내키는 대로 부른다지.

드로잉북과 연필을 들고 밖으로 나와서 화단 옆에 쪼그려 앉는다. 추위에 얼어 죽은 샤스타데이지 꽃을 슥슥 그리는데, 자꾸 피식피식 웃음이 난다. 타인의 기색을 살필 줄 모르고, 예의를 차릴 줄도 모르고, 입에 발린 말도 못하고, 눈에 보인 대로, 마음이 느낀 대로 말하는 그 남자가 철없는 어린애 같아서.

아들이 어린이집 다닐 때, "우리 엄마가 세상에서 제일 예뻐."라는 아들의 말이 진짜인지 확인하겠다며 집에 안 가고 버텼던 기태 생각이 난다. 그 녀석, 날 보자마자 "에이, 하나도 안 예쁘잖아!" 폭탄을 투척하고 휙 뒤돌아섰었지. 그때의 기태 같아, 저 남자. 철없는 어린 영혼을 오십 후반의 남자한테서 보게 될 줄이야.

그의 말이 불쾌하지 않다. 오히려 신선한 충격이다. 〈벌거벗은 임금님〉에 나오는 아이들처럼 아무도 하지 못하는 말을 해 주었으니까. 거짓 없는 말이기에 잊고 있던 내 육체에 대한 자각을 새삼 할 수 있었다. 내가 그렇게 보이는구나. 어느새 그런 나이가 되었구나. 그래도 상관없다. 비록 젊음이 발산하는 매력은 잃었지만, 나는 여전히 배우는 걸 즐기는 학생이고, 삶에 대한 의욕이 충만하니까.

볼품없이 시든 꽃,
뿌리 깊이 봄을 충전하고 있다.

눈꼬리와 볼살이 처지고 팔자주름은
더 깊어졌는데, 눈동자 안에는
여전히 심장 두근대는 여자아이가 들어 있구나.

몇 개월 후, 자기 아내와 함께 우리 집에 온 그 남자, 히죽히죽 웃으며 "형수! 우리 각시여!" 하고 자랑한다. 먼 나라에서 온 젊은 아내다. 나를 보자마자 "늙었소."라는 말이 툭 튀어나왔던 이유를 비로소 알게 되었다.

자화상

한 사람이 인생에서 써나가는 자기 서사는 우리가 그 사람을 바라보는 '신체'에 통합되고, 농축되고, 종합되어 구현된다.
— 김원영, 『실격당한 자들을 위한 변론』, 사계절, p.277

내 신체를 직시하지 않은 지 오래되었다. 늙어 가는 나를 들여다보는 일이 어색하고 불편했을 것이다. 김원영의 책을 읽다가 문득 나를 그려 보고 싶은 충동이 인다. 늙어 가는 이 여자를.

저녁 식탁에 앉아 검은 유리창에 비친 여자를 쓱쓱 그린다. 1분 스케치. 0.38mm 유성펜. 망쳐도 된다고 생각하며 대충 그렸는데 그만 닮아 버렸다.

고칠 수 없는 선. 고칠 수 없는 생.

6.
헌 옷의 시간

집 짓는 현장에서 새참을 나누는데 귀농 후배가 뒤에서 불쑥 말을 건다. "프라다를 입으셨네요?" 뒤돌아보니 그가 내 바지를 가리킨다. "프라다? 몰라. 이거 얻은 바진데." 저녁에 돌아와 바지를 갈아입으며 보니 아닌 게 아니라 뒷주머니에 프라다 상표가 붙어 있다. 안쪽 라벨에 적힌 'Made in Italy'. 진짜 프라다구나. 큰언니한테 얻은 한 무더기의 옷 중 하나다. 큰언니가 나이 들면서 몸에 맞지 않는 옷들을 내게 보내 준다. 그중 화려한 외출복이나 정장류는 상자에 담아 '아름다운가게'로 보내고, 활동하기 편한 옷은 내가 입는다. 옷이 Made in Italy든 Made in China든 무슨 상관이랴. 내 몸에 편하면 그만이지.

어제는 닥스 재킷을 입고 밭일하러 나갔다. 역시 큰언니한테서 건너온 옷이다. 수십만 원짜리 제품이라 들었지만 내겐 호감 가지 않는 붉은 체크무늬 재킷이라, 간절기에 밭일할 때 잠깐 걸

치는 용도로 쓴다. 그나마 편한 옷이니까 작업복이라도 하지, 실크나 가죽옷은 내게 쓸모가 없다. 여러 벌 있어 중복 소유가 번거로운 겨울 외투도 귀농 청년들과 나눠 입거나 지역 장터에 기증한다.

옷을 사지 않은 지 오래되었다. 그래도 옷이 많다. 옷장을 차지한 옷의 30%는 내가 만든 것들이다. 처음으로 옷을 만들어 입은 해가 2009년, 그때부터 지금까지 대부분의 옷을 직접 만들어 입고 있다. 10%는 도시에서 출퇴근할 때 입었던 기성복이다. 20~30년 전 옷들이지만 아직 입을 만하다. 나머지 60%는 주변에서 얻은 옷이다. 대부분 친정 언니들과 시누이, 그리고 향유 님이 준 옷이다. 직장 다니는 시누이가 준 옷에는 정장류가 많고, 친정 언니들이 준 옷에는 조카들 옷이 많다. 성인이 된 조카들이 안 입는다고 내놓은 옷들을 그 엄마들이 받아 입거나 이모

인 내게로 보낸다. 한두 번 입었다지만 새것처럼 멀쩡하다. 향유 님이 준 옷은 다양하다. 사서 보낸 옷, 직접 만든 옷, 본인이 즐겨 입던 옷도 들어 있다. 손수 만든 옷이든 한때 입었던 옷이든, 그녀가 준 옷은 다 소중하다.

시골에서는 정장류를 입을 일이 거의 없다. 몸에 딱 맞거나 너무 치렁거리거나 화려한 옷도 내 취향이 아니다. 아무리 비싸고 좋은 옷이라도 내 맘에 안 들면 내 옷이 아니다. 패션 산업이 조장하는 유행은 신경 쓰지 않는다. 어떤 색이 유행하든, 어떤 스타일이 잘 팔리든, 나는 내 스타일대로 입을 뿐이다. 기업의 수익을 극대화하는 마케팅에 들러리 설 이유가 없다.

남자 조카의 옷은 남편이 받아 입는다. 그도 나만큼이나 옷 사는 것을 싫어한다. 배가 나온 또래의 중년들과 달리 농사일로 다져진 마른 체형이라 청년의 옷도 잘 맞는다. 편한 티셔츠나 남방은 소매 끝이나 목깃이 닳아 나풀거릴 때까지 작업복으로 입는다. 남편은 조카 옷뿐 아니라 아들의 옷도 물려받는다. 어렸을 때 사촌 형의 옷을 물려 입던 아들이 성인이 되어 스스로 옷을 사 입으면서, 아들이 입지 않는 옷이 아빠에게 온다. 예전에는 위에서 아래로 내려가던 옷이 이제는 아래에서 위로 역주행 중이다.

언니와 조카가 새 옷을 사서 보낸다. 마음은 고맙지만 굳이 새 옷을 사서 보내진 말라는 뜻을 전한다. 겸손으로 사양하는 게 아니라 진심으로 거절한다. 입던 옷, 버릴 옷이라면 받아서 잘 입겠지만 새 옷은 싫다. 옷을 구입하는 일이 커피 한 잔 뽑듯 쉬운 패스트 패션 시대의 과잉 생산, 과잉 소비, 과잉 폐기가 나는 불편하다.

KBS 환경스페셜 〈옷을 위한 지구는 없다〉(2021년 7월 1일 방송, 2022년 방송미디어통신위원회 방송대상 대상 수상작)에는 우리가 한철 입고 버린 옷들의 종착지가 나온다. 과도하게 생산되고 쉽게 사고 쉽게 버려진 뒤 오염과 파괴의 원흉이 된 옷 이야기가 충격적이다.

세계 인구는 80억 명, 매년 1000억 벌의 옷이 생산되고 같은 해 버려지는 옷은 330억 벌이다. 흰색 면 티셔츠 하나를 만드는 데 필요한 물은 2700L로, 한 사람이 3년간 마실 수 있는 양이다. 의류 산업이 배출한 폐수는 전체 산업 폐수의 20%를 차지한다. 엄청난 폐수를 양산하며 만들어진 옷은 팔리지 않으면 재고가 되고, 재고는 새것인 채로 소각되기도 한다. 헌 옷 수거함에 버려진 옷들은 가난한 나라로 흘러 들어가 땅과 강, 바다를 뒤덮는다. 아프리카 가나의 오다우 강은 의류 폐기물로 꽉 들어차 쓰

레기 강이 된 지 오래다. 산처럼 쌓인 헌 옷더미 위에서 배고픈 소들은 합성 섬유를 씹어 먹고, 헌 옷을 소각하는 검은 연기가 하늘을 뒤덮는다. 이 참혹한 지옥도를 누가 만들었나.

1인당 연간 옷 구매량이 68벌, 버려진 옷의 12%가 한 번도 입지 않은 새 옷이라고 한다. 수년간 옷 한 벌 사지 않는 우리 같은 사람도 있으니 누군가는 68벌 그 이상을 소비한다고 봐야겠지. 방송에 나온 젊은이들은 말한다. 옷장에 옷이 쌓여 있고 계속 옷을 사도 입을 옷이 없다고, 새 옷을 입고 찍은 사진을 인스타그램에 업로드하면 다음 날 똑같은 옷 사진을 올릴 수가 없다고……. 지구 한편에서는 뒤처지지 않아야 한다는 불안에 필사적으로 트렌드를 쫓고, 다른 한편에서는 가난한 나라의 여성과 아이들이 대량 생산의 압박과 저임금에 혹사당한다. 저가의 화려한 패스트 패션에는 약자의 희생이라는 그림자가 한 몸처럼 붙어 있다.

6. 헌 옷의 시간

나는 지난 십수 년간 속옷과 양말 외에는 옷을 거의 사지 않았다. 앞으로도 그럴 것이다. 버려진 옷을 재생해 입고, 하나를 입어도 닳도록 입을 것이다. 얻은 옷이 크면 수선하고, 필요한 옷이 있으면 만들어 입을 것이다. 더 이상 원단도 사지 않을 생각이다. 오래전 사 두었거나 얻은 원단만으로도 남은 생애 이 한 몸 두르기에 충분하다. 대량 생산과 대량 폐기를 반복하며 질주하는 쓰레기 생산 열차에 올라타 함께 질주할 마음이 없다. 할 수만 있다면 열차의 브레이크에 가해지는 압력의 일부가 되고 싶다.

옷이 일회용품이 된 세상, 어제의 신상이 오늘의 쓰레기가 되는 패스트 패션 시대에, 나는 헌 옷의 통로에 앉아 분류와 재생을 반복한다. 내가 헌 옷 하나라도 살려 입으려 애쓰는 동안에도 해일처럼 덮쳐드는 새 옷들의 쓰나미는 멈추지 않겠지. 이 압도적인 쓰레기 물살은 끝내 우리를 어디로 휩쓸어 갈까.

첫 바느질, 퀼트

퀼트 수업을 함께 듣지 않겠느냐는 그녀의 제안을 받아들인 건 퀼트 때문이 아니었다. 시골살이 두 해째, 농사와 목공과 집 짓기 구상에 온 마음이 쏠려 있을 때라 조각 천을 잇고 깁는 퀼트는 어쩐지 한가로운 취미 같았다. 그럼에도 "좋아요."라고 답한 이유는 그 말을 한 사람이 바로 그녀였기 때문이다.

향유. 처음 보았을 때부터 참 특별한 사람이라 느꼈다. 조용한 목소리에 온화한 표정, 섬세한 배려가 몸에 배어 있는 사람. 상대의 마음과 처지를 헤아리고, 조용히 돕고, 아낌없이 주면서도 행위에 무게를 싣지 않는 사람. 살면서 착하고 좋은 사람들을 수없이 만났지만, 그녀에겐 착하고 좋은 사람을 넘어서는 특별함이 있었다. 유불리를 따지지 않고 타인을 위한 묵직한 결정을 흔연히 하는 그녀가 나는 경외스러웠다.

퀼트로 만든 소품들.
가방은 두꺼운 성경책이
넉넉히 들어갈 만한 크기여서,
신앙심 깊은 고모께 보내 드렸다.

그녀와 함께 퀼트를 하며 난생처음 바느질의 즐거움에 빠져들었다. 고등학교 가사 시간에 배웠던 홈질, 박음질, 공그르기 같은 오랜 기억 속 단어들이 되살아나고, 다 잊은 줄 알았던 손놀림이 어제의 일인 양 자연스레 재생되었다. 손바느질하는 동안에는 시간을 잊는다. 바늘에 실을 꿰어 한 땀 한 땀 천을 뜨는 과정이 마치 수행 같다. 마음이 깊은 물처럼 잠잠해진다. 바느질 삼매에 빠져 있다가 문득 깨닫는다.
'이런! 내 손이 톱과 드릴보다 천과 바늘을 훨씬 더 좋아하잖아!'

옷을 짓는 일

퀼트로 소품을 몇 개 만들다가 내친김에 옷 만들기로 나아간다. 옷에 대해 아는 게 하나도 없지만, 주먹구구식 어림짐작으로 시도해 본다. 소매 없는 원피스가 왠지 만만해 보인다. 옷장에서 조끼를 꺼내 상의가 될 부분의 본을 뜨고, 치마는 사각으로 재단해 시침 핀으로 주름을 잡는다. 목선과 진동 둘레를 바이어스로 감싸 바느질하고, 치마를 연결한 후 치맛단을 접어 박는다. 남은 자투리 천으로 치마에 주머니도 달고, 삼각 두건도 만든다. 첫 원피스가 완성되었다. "세상에, 내가 옷을 만들다니!"

그때부터 발동이 걸렸다. 큰맘 먹고 가정용 미싱과 오버록 미싱을 구입해 본격적인 바느질을 시작한다. 인터넷으로 다양한 원단을 구경하고 저렴한 면직물을 몇 종류 산다. 옷 만들기 선배인 향유 님이 패턴(옷본)과 원단을 잔뜩 나누어 주신다. 옷 만들기 책도 몇 권 사고, 솜씨 좋은 바느질 블로거들에게서 설명서와 패턴이 든 패키지도 구입한다. 설명서를 차근차근 단계별로 따라하다 보면 어느새 옷 한 벌이 완성된다. 옷을 몇 벌 만들어 보니 옷의 기초가 파악되면서 내 식으로 디자인을 응용하고 싶어진다.

잠옷과 평상복부터 단정한 외출복까지 거의 모든 옷을 직접 만든다. 원피스와 블라우스, 바지와 치마, 자켓과 겨울 코트도 만든다. 간단한 옷은 하루, 까다로운 옷은 이삼 일쯤 걸린다. 옷 만드는 일은 중독성이 있다. 한번 시작하면 멈추기가 어렵다. 패턴을 뜨고, 원단을 자르고, 바느질하고, 오버록을 치고, 시접을 가르고, 밑단을 접어 박고, 다림질해 마무리하기까지 옷 한 벌에 수십 수백 번의 손길이 간다. 밥 먹는 것도, 물 마시는 것도, 화장실 가는 것도 잊고 매 과정에 집중한다. 근심도, 생각도 잊는다. 해가 저무는 것도 모른다.

남편 옷, 아들 옷, 친구들 옷, 언니들 옷, 시어머니 옷, 시누이들 옷을 만들어 선물한다. 옷뿐 아니라 모자, 가방, 손수건, 슬리퍼, 커튼, 방석, 베갯잇, 테이블보, 주방 장갑, 행주 등등 천으로 만들 수 있는 온갖 생활용품을 다 만든다. 얻은 옷 가운데 크기가 맞지 않거나 스타일이 마음에 안 드는 옷은 내 식대로 고친다. 오래 입어 낡은 옷, 일하다 찢어진 옷, 솔기가 터진 옷은 헝겊을 대어 깁고 꿰매 수선한다. 바짓단 하나 줄이려고 세탁소나 수선집

흰 광목으로 커튼을 만들어 달았다.
잠에서 막 깨어, 하얀 광목천에 스며드는
아침 햇살과 배롱나무 그림자를
가만히 바라보는 시간을 참 좋아한다.

을 찾던 내가 옷을 자르고 뜯고 재구성하는 일을 겁내지 않게 되다니, 능력자가 된 기분이다.

바느질에 익숙해지니 원하는 옷을 기성품에서 찾느라 시간을 낭비하지 않는다. 쇼핑할 시간에 차라리 직접 만든다. 내가 만드는 옷은 소박하고 자연스럽다. 몸을 옥죄지 않는 옷, 살갗에 자극이 없는 옷, 구김이 자연스러운 옷, 드라이클리닝이 필요 없는 옷들이다. 내 손으로 바느질해 완성한 옷은 낡아도 쉽게 버리지 못한다. 실수와 보완, 몰두와 성취, 노동의 피로, 완성의 기쁨이 옷 한 벌에 다 담겨 있기 때문이다. 사람과 사람뿐 아니라 사람과 사물의 관계도 세월과 사연이 버무려져야 강한 인력이 생긴다. 클릭 몇 번으로 구매한 옷과 내 손으로 한 땀 한 땀 지은 옷이 같은 무게로 내 마음에 들어올 리 없다.

옷을 지으며 새삼 깨닫는다. 흩어진 재료를 적재적소에 배열하고 연결해 하나의 완전체로 만드는 과정을 내가 사랑한다는 것을. 책을 만들 때도, 글을 쓸 때도, 목공을 할 때도 같은 감정이었다. 무질서하고 불확실한 것들을 정렬하고 조립하는 과정에서, 막연한 미지가 분명한 이해의 영역으로 넘어오고 심리적 혼란이 정리되었다. 뿌옇게 흐리던 카메라 앵글의 초점이 선명해지는 느낌이랄까. 완성 후의 성취감, 실수를 통한 학습도 내겐 든든한 자산이다.

내가 만든 옷들.

다룰 수 있는 도구가 늘어나고 해낼 수 있는 일의 범주가 넓어지니 삶의 영토가 확장된 느낌이다. 의존하기 싫어하는 성미라서 어지간한 일상의 문제는 꼼지락꼼지락 혼자 해결해 버린다. 옷이 필요하면 미싱 앞에서 뚝딱 만들고, 물건이 필요하면 목재를 잘라 뚝딱 만들고, 전등이 나가면 새 전등을 사서 뚝딱 바꾼다. 그러나 허들을 헤쳐 나가는 나의 능력은 함께 사는 남자의 탁월한 문제 해결력을 따라가지 못한다. 그는 어떤 문제든 단 한마디로 해결하는 능력자다. 그가 마법처럼 애용하는 주문은 이것이다. "여보! 이거 왜 이래?"

기분 좋은 재생

구멍 난 블라우스

체크무늬 여름 블라우스는 내가 몹시 사랑하는 옷이다. 2013년 여름에 만들어 벌써 12년째 입고 있다. 40수의 얇은 면직물이라 가볍고 시원하다. 이 블라우스에 체크무늬 항아리치마를 입고 위에 민소매 원피스를 덧입으면 〈사운드 오브 뮤직〉의 마리아 스타일이 된다.

즐겨 입는 옷은 빨리 닳는다. 여름옷은 더 그렇다. 체크무늬 블라우스도 낡아서 천이 미어졌다. 원 없이 입었지만 아직은 헤어질 마음이 들지 않는다. 12년 동안 입은 옷을 버리는 일이 하루 입은 옷을 남 주는 것보다 훨씬 어렵다. 옷도 사람처럼 정이 든다.

덧대어 기울 만한 천을 찾으려고 자투리 상자를 뒤지니, 다행히

낡아서 해진 옷

비슷한 자투리 천

수선 끝!

40수 체크무늬 천 조각이 하나 나온다. 똑같지는 않지만 매우 비슷하다. 이거라도 있어서 다행이다.

고쳐 놓고 보니 덧댄 자국마저 예쁘다. 앞면의 좌우가 다 해진 덕에 오히려 덧댄 자국의 좌우 균형이 맞는다. 일부러 패치워크 했다고 하지 뭐!

아들 옷을 내 옷으로

아들이 독립했다. 오랜만에 집에 온 아들에게 옷장 정리도 할 겸 입을 옷과 버릴 옷을 구별하라고 했다. 아들이 안 입는다고 내놓은 옷 중 상태가 좋은 건 기증 박스에 담고, 상태가 나쁜 건 헌 옷 바구니에 넣었다. 목 칼라와 소매 끝이 누렇게 변색된 남방 세 벌은 내 평상복으로 고쳐 입어야지.

목의 칼라를 없애 라운드 넥으로 수선하고, 손목 커프스를 잘라 소매 길이를 줄였다. 단추로 잠그는 앞여밈을 해체하고 앞판과 뒤판을 이어 붙여 잔주름을 잡았다. 남성용 남방이 여성용 블라우스로 바뀌었다.

옷 수선에는 시간이 든다. 일 많은 시골에서 봄가을 바쁜 시기에 미싱 앞에만 앉아 있을 순 없다. 두 벌은 정성껏 수선하고 나

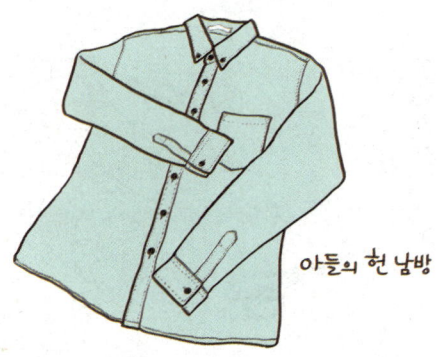

아들의 헌 남방

- 칼라와 커프스 자르고,
- 단추와 주머니 떼고,
- 플래킷 뜯어 펼치고,
- 앞판과 뒤판을 뒤집어 주름잡아 박고,
- 바이어스로 네크라인 처리하고,
- 소맷단과 밑단을 접어 박는다.

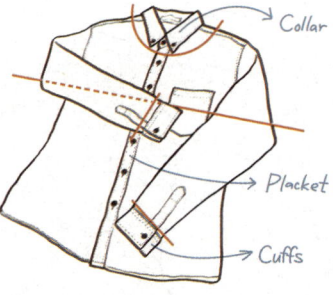

내 새 블라우스

6. 헌 옷의 시간

- Ⓐ 폭이 넓은 치마
- Ⓑ 허리밴드 잘라 내기
- Ⓒ 치마폭 잘라 상의 만들기
- Ⓓ 원피스로 완성

머지 한 벌은 소매 길이만 줄여 입기로 했다. 땀 흡수 잘되는 면직물이라 밭일할 때 허드레옷으로 걸치기 좋다.

나는 새 옷을 사는 것보다 이런 일이 몇 배나 즐겁다. 기분 좋은 재생이다.

치마를 원피스로

향유 님은 나를 친동생 돌보듯 먹이고 입히고 챙긴다. 진심을 다해 사랑하고 아낌없이 나눈다. 나는 그녀의 마음을 기꺼이 받는다. 하나를 받으면 하나를 갚아야 하는 나의 고질적 병폐가 그녀 앞에 가면 다 허물어진다. 나는 빚진 마음 없이, 갚아야 한다는 부담 없이 그녀의 사랑을 받는다. 우리는 새것 헌것을 가리지 않고 서로 나눈다. 주고받는 물건은 마음의 통로다.

향유 님이 주신 플레어 치마는 내게 너무 크다. 치마폭이 두 마가 넘고, 치맛자락은 내 발목까지 내려온다. 향유 님이 새댁일 때 입었던 치마라는데, 오래된 옷이지만 별로 낡지 않았고 순면이라 촉감도 좋다. 그녀가 오래도록 간직한 데는 그만한 이유가 있을 것이다.

치마의 폭과 길이를 줄이면 더 자주 입을 텐데……. 그래! 치렁치

렁한 치마폭을 잘라 나시 원피스를 만들자! 당장 가위를 든다. 허리 고무줄을 자르고, 치마폭을 잘라 그 천으로 상의를 만들어 붙인다. 폭 넓은 치마의 무거움이 사라지고, 발목까지 오던 치맛자락이 무릎 아래 정강이에 딱 맞춰진다. 헐렁한 하이웨이스트 원피스로 입으니 더할 나위 없이 편하다.

고친 옷의 사진을 찍어 향유 님께 보내 드렸다. 그녀가 기뻐하며 아낌없이 칭찬해 주었다.

자투리의 힘

아무도 없는 고요한 한낮, 아홉 살 여자아이가 엄마의 장롱을 꼼지락꼼지락 뒤진다. 장롱 아래 칸에는 엄마가 시장 포목점에서 떼어 온 옷감이 있고, 그 옆 구석 자리엔 옷을 짓고 남은 알록달록한 자투리 천과 낡은 옷에서 떼어 낸 지퍼와 단추가 있다. 인형에게 입혀 줄 치맛감을 찾던 아이가 화사한 꽃무늬 헝겊 한 귀퉁이를 가위로 오려 낸다.

장롱 한쪽엔 작고 영롱한 구슬이 촘촘히 박힌 엄마의 손가방이 있다. 아이는 오색찬란한 구슬에서 눈을 뗄 수가 없다. 문구용 칼로 조심조심 실을 끊어 색깔별로 한 개씩 구슬을 떼어 낸다. 가슴이 두근두근 방망이질 친다. 몰래 떼어 낸 구슬을 비밀 상자에 숨겨 놓고 아이는 틈날 때마다 눈을 반짝이며 들여다본다. 엄마는 손가방에서 구슬의 빈자리를 알아챘을까?

엄마의 장롱을 열고 색색의 헝겊 더미를 뒤지던 아이는 그로부터 먼먼 시공간을 떠돌다 그때의 엄마 나이가 되어 돌아왔다. 이제 나이 든 아이에게도 재봉틀이 생겼고, 알록달록한 자투리 천이 가득한 상자도 있다. 구슬 손가방은 없지만 갖가지 부자재와 앙증맞은 단추가 통에 가득하다. 수십 년 전 비밀 상자 속 구슬들은 까맣게 잊었다. 어디로 갔는지 궁금하지도 않다. 소유욕과 갈증은 대상을 바꿔 이동하고, 한때의 욕망은 흔적도 없이 사라진다. 나만의 비밀 상자에 숨겼던 것들, 부재를 견딜 수 없던 존재들, 단단히 봉인해 둔 이야기들이 연기처럼 사라지고, 상자에 남은 건 먼지 내려앉은 사금파리뿐이다.

옷을 만들면 필연적으로 자투리가 나온다. 나는 자투리 천을 버리지 않고 차곡차곡 접어 자투리 상자에 담는다. 면, 리넨, 거즈, 누비, 모직 등등 재질별로 모아 두면 나중에 어디엔가 쓸모가 생긴다. 원단은 재단 후 바느질을 거쳐 옷이 되고, 떨어져 나온 자투리는 '무엇'이 되기 위해 잠잠히 기다림의 시간으로 들어간다.

자투리는 붙이고 깁고 홀치는 과정에서 완전히 새로운 존재로 태어난다. 더러는 손수건이 되고, 더러는 마스크가 되어 벗들에게 간다. 때로는 방석이 되고, 때로는 실내화가 되어 내 곁에 머문다. 무엇의 일부가 아니라 하나의 완전체로 존재한다. 한때 엄마와 한 몸이었으나 세상에 떨어져 나와 온전한 생명체로 살아 자투리 천으로 온갖 소품을 만든다.
마스크, 모자, 실내화, 방석, 손수건,
조각보……. 자투리 천을 잇고
안감을 넣어 미싱 덮개도 만든다.
재료는 자투리지만 결과물은 완전체다.

모자

마스크   두건

미싱 덮개   슬리퍼

6. 헌 옷의 시간 211

온 나처럼, 한때는 한 필의 원단에 속했지만 자투리로 떨어져 나와 마스크 또는 손수건이라는 완전체로 한몫을 살아간다. 그러므로 자투리는 자투리가 아니다. 아직 쓸모를 못 찾았다고 쓸모가 없는 게 아니다. 쓸모의 틈새, 아직 이름을 얻지 못한 동안만 자투리일 뿐이다. 서 말의 구슬 더미 속에 묻힌 구슬들은 꿰이고 연결되어 쓰이길 기다린다.

나는 삶의 알맹이를 밭일과 흙일에 쓰고, 남은 자투리를 모아 글을 쓴다. 알맹이를 받은 밭과 햇살은 배추와 꽃을 내게 주고 겨울 눈 속에 묻힌다. 자투리를 받은 생각의 조각들은 한 권의 책이 되어 이 사람 저 사람에게로 간다. 자투리는 한때의 이름일 뿐, 돌아보면 모든 조각이, 모든 시간이, 모든 마음이, 모든 인생이 다 제각각 알맹이였음을 인정하게 된다.

마스크 만들기

코로나19 바이러스가 한창 유행하던 때에는 마스크가 곧 출입 허가증이었다. 사람도 잘 만나지 않고 외출도 거의 안 하고 사는지라, 갑자기 나갈 일이 생기면 마스크를 찾느라 허둥댄다. 옷 만들고 남은 리넨 자투리가 넉넉하니, 이걸로 마스크를 여러 개 만들어야겠다. 원피스와 같은 천으로 만든 마스크를 착용하면 칙칙한 코로나 시국에 패셔니스트가 될지도 모른다!

마스크 제작에 필요한 몇 가지(고무줄, 와이어, 조절 스토퍼, KF94 필터)를 인터넷으로 주문한다. 패턴은 망고나무 님 블로그에서 얻는다. 마스크 겉감은 가볍고 까슬한 리넨, 피부에 닿는 안감은 부드러운 거즈를 사용한다. 콧잔등 위치에 와이어를 넣고, 귀가 아프지 않도록 고무줄에 조절 스토퍼를 끼운다. 마스크 아래쪽으로 KF94 필터를 넣고 뺄 수 있게 만든다. 필터의 밀착성이 좋아서 마스크 천에 찰싹 붙는다.

천마스크 만들기

0. 준비물

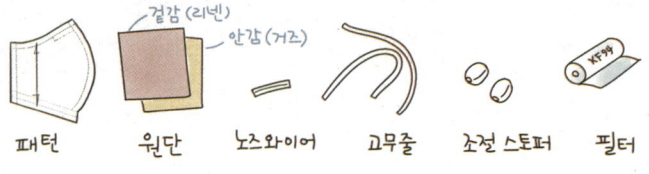

패턴 원단 노즈와이어 고무줄 조절 스토퍼 필터

---

1. 패턴 대고 천 재단하기

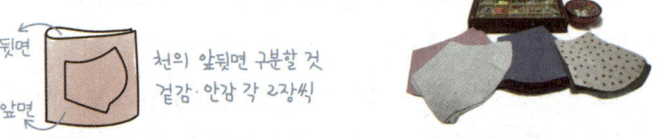

천의 앞뒷면 구분할 것
겉감·안감 각 2장씩

2. 하단 말아박기

시접을 접고 또 접어박기
(겉감·안감 동일)

3. 중심 연결 후 시접 눌러박기 (상침)

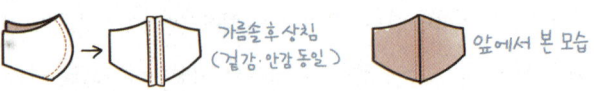

가름솔 후 상침
(겉감·안감 동일)

앞에서 본 모습

214 손이 좋아하는 일

4. 고무줄 넣고 위·양옆 박아 뒤집기

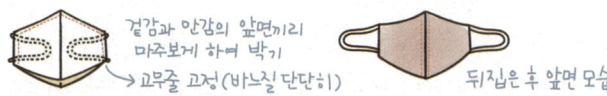

겉감과 안감의 앞면끼리 마주보게 하여 박기
→ 고무줄 고정 (바느질 단단히)
뒤집은 후 앞면 모습

5. 상침 하면서 노즈와이어 넣기

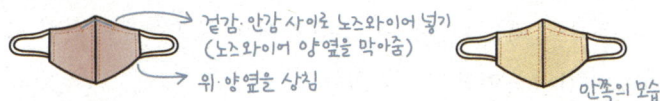

→ 겉감·안감 사이로 노즈와이어 넣기
  (노즈와이어 양옆을 막아줌)
→ 위·양옆을 상침
안쪽의 모습

6. 고무줄에 조절 스토퍼 끼우기 (선택 사항)

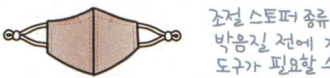

조절 스토퍼 종류에 따라 박음질 전에 끼워야 하거나 도구가 필요할 수도 있음

7. 필터 잘라서 아래쪽으로 넣으면 끝!

KF94 필터
→ (볼록볼록한 면이 입 쪽으로)

6. 헌 옷의 시간　215

마스크를 만들어 여기저기 보낸다. 가족들, 형제들, 친구들, 고마운 분들……. 필터도 여러 장 동봉하여 보낸다. 틈날 때마다 만들어서 보낸 마스크가 백 개도 넘는다.

우리 지역 귀농 청년들에게는 마스크 만드는 법을 가르쳐 준다. 원단과 부자재, 마스크 패턴과 KF94 필터를 패키지로 만들어서 나눠 주고 한나절 수업을 진행한다. 실 꿰고 매듭짓는 것조차 서툰 친구들과 둘러앉아 손바느질로 마스크를 만든다. 집에서도 혼자 만들 수 있도록 상세한 설명서도 그려서 나눠 준다. 자기 손으로 완성한 마스크를 쓰고 다들 활짝 웃는다. 코와 입을 가렸는데도, 빼꼼 내놓은 작은 두 눈에 서로의 웃음이 환히 보인다. 인간의 눈이란 참 신기하다.

알뜰살뜰 발 매트

옷장을 정리한다. 끝까지 입을 옷만 남기고 나머지는 내보내기로 한다. 새 옷이나 상태가 좋은 옷은 기증 박스에 담고 낡은 옷은 쓰레기봉투에 넣으려는데, 문득 죄책감이 든다. '쓸모가 없다'와 '쓰임을 못 찾았다'는 전혀 다른 말이다. 나는 쓸모 있는 것이 제 쓰임을 다하기를 원한다. 아니, 애초에 쓰일 만큼만 생산되기를 바란다. 그러나 공허한 이야기다. 미친 듯이 만들고 마구잡이로 버리는 자본주의 세상에서 그게 가능한가.

작업복으로 입기도 어려운 낡은 옷, 여러 번 기워 더는 수선하기 힘든 옷, 얼룩지고 오염된 티셔츠가 갈 데라곤 쓰레기봉투뿐인 것 같다. 하지만 나는 아무짝에도 쓸모없어 보이는 낡은 옷들을 대형 바구니에 소중히 모은다. 폴리에스테르 같은 합성 섬유는 제외하고 면 위주로 모은다. 헌 옷뿐 아니라 낡은 식탁보나 오래된 이불보도 버리지 않고 모은다. 현관과 욕실, 주방의

헌 옷을 잘라 유사 계열의 색상으로
발 매트를 뜬다. 내 감각대로 색깔을 배열하는
즐거움이 있다.

발 매트를 만들 최고의 재료이기 때문이다.

발 매트 하나 만드는 데 헌 옷 수십 벌이 들어간다. 입기 힘든 낡은 옷만 재료로 쓰다 보니 단기간에 많은 양을 모으기 어렵다. 시간을 들여 느긋하게 수집해야 한다. 발 매트를 만들다가 재료가 부족해서 중단하거나 배색 천이 마땅치 않아 작업을 멈춘 적도 있다. 그럴 때면 어디 버리는 옷 없나, 매의 눈으로 두리번거리게 된다. 오래전에 내버린 낡은 이불보와 헌 옷들이 눈앞에 삼삼해지는 순간이다.

예쁜 발 매트를 만들려면 색상의 배합이 중요하다. 애초에 재료를 모을 때 빨간 계열, 파란 계열, 회색 계열 등 서로 어울릴 만한 색상끼리 모아 두면 나중에 활용하기 편하다. 색상 배열을 어떻게 하느냐에 따라 평범한 물건이 될 수도 있고, 세상에 하나뿐인 예술품이 될 수도 있다.

어느 정도 헌 옷이 모이면 본격적으로 작업을 시작한다. 먼저 헌 옷을 길게 잘라 폭 4~5cm 끈을 만든다. 정밀하게 잴 필요는 없고 대충 자르면 된다. 단추나 지퍼, 주머니, 시접 부분을 제외하면 옷 한 벌에서 나오는 끈이 그리 많지 않다. 길게 자른 끈을 미싱이나 손바느질로 잇는다. 같은 색상 또는 유사한 색상끼리 연결하여 색깔별로 만든다. 이때 시접을 일관되게 한 방향으

헌 옷으로 발 매트 만들기

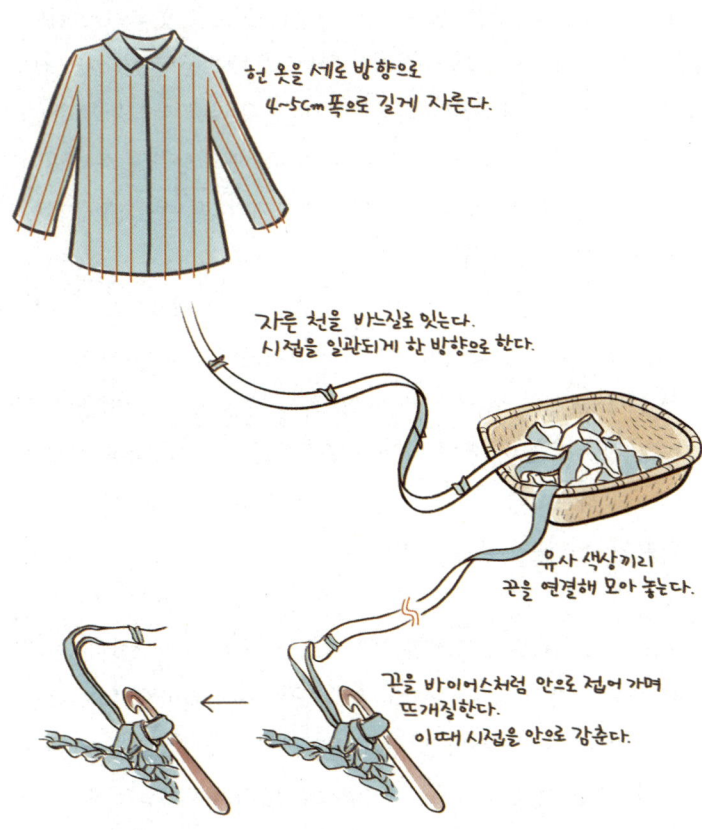

헌 옷을 세로 방향으로 4~5cm 폭으로 길게 자른다.

자른 천을 바느질로 잇는다. 시접을 일관되게 한 방향으로 한다.

유사 색상끼리 끈을 연결해 모아 놓는다.

끈을 바이어스처럼 안으로 접어 가며 뜨개질한다. 이때 시접을 안으로 감춘다.

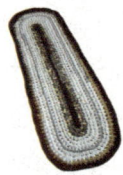

- 사슬뜨기로 코를 잡고 짧은뜨기로 돌려 가며 뜨개질한다.
- 욕실 발 매트는 10코 내외, 주방 발 매트는 40코 내외로 시작한다.
- 짧은뜨기로 10~12바퀴 돌리면 발 매트 폭이 적당하게 나온다.
- 둥글리는 부분은 코를 늘려 가며 떠야 발 매트가 오그라들지 않는다.

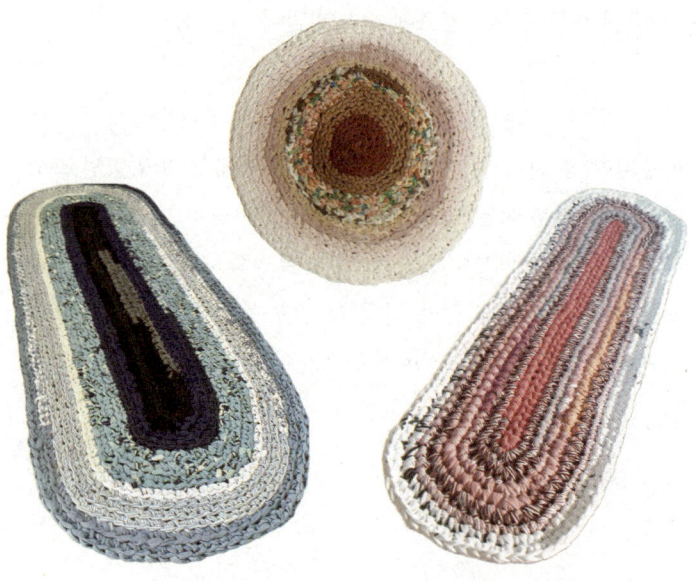

로 해야 나중에 뜨개질이 깔끔하다. 옷에서 잘라 낸 끈은 짧아서 잇는 품이 제법 들지만, 이불보는 면적이 넓어 자르기도 쉽고 끈도 길어서 잇는 품이 덜 든다.

잘라낸 천을 이어 붙이는 작업이 끝나면 전체 작업의 80%는 끝난 셈이다. 길게 만든 끈을 뜨개실 삼아 지름 10~12mm 코바늘로 뜨개질을 한다. 헌 옷 발 매트는 두툼하고 묵직해 쉽게 밀리지 않고 안정감이 있다. 발바닥에 닿는 촉감도 좋다. 다만 젖었을 때 매우 무거우며, 건조에 시간이 많이 걸린다.

헌 옷 발 매트에는 추억이 깃들어 있다. 태국 여행에서 입었던 꽃무늬 여름 원피스, 아이가 초등학생 시절에 즐겨 입었던 갈색 면바지, 뜨거운 여름 땀방울을 받아 주었던 남편의 작업복이 사라지지 않고 발 매트에 들어가 있다. 우리의 지난 삶이 담긴 발 매트를 현관 입구에 곱게 펼쳐 놓는다. 눈썰미 있는 손님들은 현관에 들어서며 독특한 발 매트에 눈이 휘둥그레진다.

7.

쓸모라는 말

엄마는 솜씨가 좋으셨다. 시장 포목점에서 떠 온 천으로 한복을 짓고, 잠옷과 원피스를 만들어 어린 딸에게 입히셨다. 오래 입어 목둘레와 소매 끝이 나달나달 해어진 스웨터도 엄마 손을 거치면 새 스웨터로 변했다. 헌 털실 가닥들이 뒤섞이며 만들어 낸 미묘하고 아름다운 혼합색에 어린 나는 마음을 빼앗기곤 했다.

엄마는 신제품을 거들떠보지 않으셨다. 흑백텔레비전에 이어 세탁조와 탈수조로 구성된 세탁기가 본격적으로 대중화되던 70~80년대, 엄마는 수돗가에 쪼그려 앉아 산더미 같은 빨랫감을 하나씩 비누칠하고, 빨래판에 문지르고, 빨랫방망이로 두들기셨다. 아버지가 세탁기를 사 주겠다고 여러 번 말씀하셨지만, 엄마는 매번 단호히 거절하셨다. 세속적인 유행에 휩쓸리지 않겠다는 고고한 자존심, 자발적 불편의 감수, 물욕에 대한 심리적 터부가 엄마의 마음 밑바닥에 있었을 것이다. 엄마는 검소하고,

지적이고, 종교적인 분이셨다.

헌 옷 입는 것에 거부감이 없고, 신상품에 무관심하고, 물건의 수명이 다하도록 쓰는 게 흡족한 나는 아무래도 엄마를 닮은 것 같다. 한때는 엄마의 울타리를 벗어나려 했고, 엄마를 미워한 적도 많았는데, 당황스럽게도 내게서 엄마의 모습을 발견한다. 빛바랜 한복을 깔끔히 다려 입고 외출하던 엄마, 자식들의 옷을 손수 바느질해 입혀 주던 엄마, 달력 종이를 묶어 만든 공책에 빈틈없이 성경 말씀을 기록하던 엄마, 자기주장을 논리 정연하게 펼치던 엄마, 무지에 대한 경멸을 숨기지 못하던 엄마, 남의 뒷담화에 관심이 없던 엄마, 마음을 접으면 얼음처럼 냉정하던 엄마……. 엄마처럼 아끼고, 엄마처럼 일하고, 엄마처럼 기록하고, 엄마처럼 반응하는 나는, 내 핏속에 도도히 흐르는 엄마의 유산을 비로소 인정하고 승복한다. 저, 엄마 딸 맞네요.

나는 '유행에 뒤처진다'는 생각을 해 본 적이 없다. 뒤처짐이란 앞서가야 한다는 강박이 낳은 프레임이다. 얼리어답터 눈에는 신상품에 무관심한 사람이 뒤처져 보이겠지만, 뒤따를 생각이 없는 사람에게는 자신만의 길과 방향과 속도가 있는 법이다. 각자가 바라보는 방향이 각자의 앞이니, 누가 앞이고 누가 뒤인지는 아무도 판단할 수 없다. 진행 방향에서 몸만 돌려도 앞과 뒤는 뒤바뀐다.

나는 공장에서 갓 나온 반짝이는 전자 제품에 욕구를 느끼지 못한다. 보통의 사람들은 꿈도 못 꿀 고가품(명품이 아니다)에도 아무 관심이 없다. 나는 오래된 것, 흔치 않은 것, 정성이 담긴 것, 사적인 것, 내 오감이 반응하는 것에서 아름다움과 충족감을 느낀다. 진정한 명품은 돈 주고 살 수 없는 범주에 있다고 나는 믿는다.

유행을 좇느라 멀쩡한 물건을 철 지난 쓰레기로 취급하는 세태가 나는 불편하다. 새 제품을 살 땐 그것이 정말 필요한 것인지, 잠깐 쓰이다 빠르게 쓰레기로 버려지진 않을지 생각한다. 일단 구입한 물건은 수명이 다할 때까지 쓴다. 나는 오래 쓰고, 쓸모를 찾아 다시 쓰고, 마지막까지 제 몫을 다하게 하는 재사용reuse이 좋다. 오래전부터 이런 일에 마음이 끌렸다. 분리수거로 버려진 물건을 해체 가공해 재생산하는 재활용recycling은 정부와 사회가 맡고 있으니, 나는 개인으로서 내 성정에 맞는 일을 하면 된다.

물건을 사지 않으려고 노동을 자청할 때가 많다. 간단한 수납가구는 나무로 직접 만든다. 내가 만드는 물건은 기능에 충실한 소박한 것들이다. '작품'도 아니고 '상품'도 아니고 다만 '쓸모'가 있을 뿐이다. '전시'나 '판매'가 아닌 '사용'이 목적이다. 최고의 예술을 지향하지 않고 타인의 필요에 복무하지 않고, 다만 최선의 방책에 만족한다.

돈을 벌지 못해도 돈을 덜 쓸 수는 있다. 꼭 필요하지 않은 물건은 욕심내지 않고, 일단 구입한 물건은 끝까지 쓰며, 가능하면 스스로 만들어 쓰려고 한다. 내가 만든 소품을 '상품화'하라고 권하는 친구에게 선물할 순 있어도 팔지는 않겠다고 말했다. 상품이 되는 순간, 나는 꼼지락거리는 작은 즐거움을 잃고 말 것이다. 똑같은 걸 두세 개만 만들어도 금세 싫증을 느끼는 나 같은 사람은 프로가 될 자질이 없다.

분업화, 전문화된 현대 사회에서 굳이 나처럼 살 필요는 없다. 세상에 다양한 직업이 존재하는 데는 다 이유가 있으니까. 내가 못하는 일은 다른 이들이 대신하고, 나 역시 그들의 빈틈을 채워 주며 서로 기대어 살아가면 된다. 이 세상은 다양한 사람들이 다양한 방식으로 서로를 보완하는 곳이다. 그 안에는 작은 시도와 작은 성취를 기뻐하는 나 같은 사람도 많을 것이다. 멀리서 보면 점묘화 같지 않을까. 세상을 이루는 무수한 점들 가운데 눈에 잘 띄지 않는 구석의 작은 점 하나가 나다. 제 삶의 지향에 따라 제 삶의 속도로 살며 제 쓸모를 다하려 애쓰는, 아주 작은 하나의 점.

폐가구로 만든 보조 싱크대

집을 짓고 새로 설치한 주방 싱크대에는 전기밥솥이나 전자레인지 같은 주방 가전이 들어갈 공간이 없었다. 아무래도 보조 싱크대가 필요하겠다 싶어 업체에 견적을 물어보니 50만 원쯤 추가된다고 한다. 잠깐 고민하다 생각을 바꿨다. 다른 아이디어가 떠올랐기 때문이다.

남편이 수년간 농사지으며 기거했던 농막에 오래된 주방 수납장이 있다. 전자레인지와 전기밥솥을 수납하던 저렴한 MDF 가구로, 낡은 데다 빨간색 상판이 새 집과 어울리지 않아 애초에 집에 들일 생각이 없었다. 하지만 리폼을 한다면? 충분히 가능할 것 같다. 머릿속에서 구상과 계획이 빠르게 돌아간다. 잘만 하면 멋질 것 같아!

MDF Medium-Density Fiberboard는 나무가루를 접착제와 섞어 압착한

합판으로, 건축 자재와 가구 제작에 광범위하게 쓰인다. 대부분의 붙박이장과 싱크대가 MDF로 제작된다. MDF는 목재로 사용하기 힘든 원목 자투리를 갈아 만든 것이라서 가격이 저렴하다. 단점은 접착제가 다량 들어 있어 포름알데하이드가 방출된다는 점이다. 자투리 목재는 난로 땔감으로 쓸 수 있지만, MDF는 태울 수도 없어 폐기물로 버려야 한다. 가장 나은 방법은 끝까지 제 몫을 다하도록 오래오래 쓰는 것이다. 기왕에 가구로 만들어졌고 인연이 되어 내 삶에 들어왔으니 최대한 함께하는 게 좋다.

농막에서 헌 수납장을 가지고 왔다. 하지만 수납장만으로는 원하는 길이가 나오지 않는다. 나머지 빈자리엔 뭘 놓지? 문득 비닐하우스 구석에 치워 둔 작은 서랍장이 생각난다. 아들이 어렸을 때 썼던 책상의 일부인데, 집 짓는 동안 보관할 곳이 마땅치 않아 비닐하우스에 넣어 두었다. 습기 때문에 수납장 아래쪽이 조금 상했지만 그래도 서랍은 잘 여닫힌다. 깨끗하게 청소하면 쓸 만하겠다.

먼지투성이 서랍장을 가져와서 빈자리에 넣어 보니 안성맞춤이다. 버리지 않고 적재적소에 잘 쓰게 되어 다행이다. 서랍을 모두 빼고 안팎을 박박 닦아 청소한 후, 서랍 손잡이를 드라이버로 풀어낸다. 짙은 그레이색 싱크대와 동일한 색상의 인테리어 시트지를 꼼꼼히 붙인 후 손잡이를 다시 달아 준다.

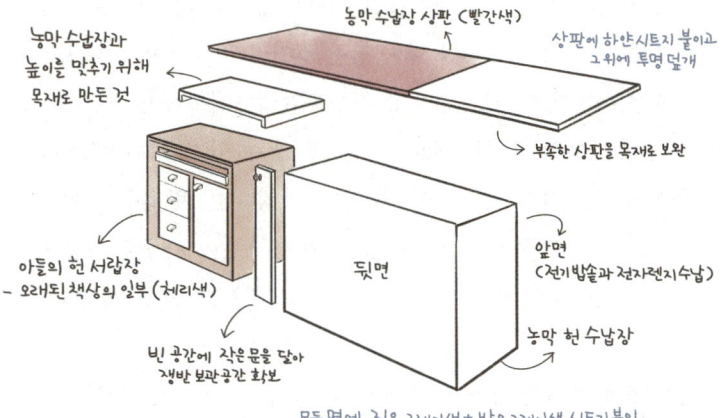

Before

After

농막에서 가져온 수납장 역시 상판과 서랍을 해체하고 시트지 작업을 한다. 비닐하우스에서 가져온 서랍장이 농막 수납장보다 10cm쯤 낮다. ㄷ자 모양의 받침대를 만들어 둘의 높이를 맞춘다. 부족한 상판의 크기만큼 목재를 잘라 기존 상판과 연결하고 하얀 시트지를 씌운다. 마지막으로 서랍장과 수납장 사이 자투리 공간에 작은 문을 단다. 한 뼘이 채 안 되는 좁은 공간이지만 쟁반을 세로로 보관하기에는 그만이다.

드디어 깔끔한 보조 싱크대가 탄생했다! 식탁을 향해 놓인 작은 서랍장에는 티백과 커피를 보관하고, 주방을 바라보는 큰 수납장에는 전자렌지와 전기밥솥을 놓는다. 넓은 상판에는 에어프라이어와 커피 머신, 커피잔 등을 올려놓는다. 최적의 수납, 효율적인 동선이다. 이 공간이 없었으면 어쩔 뻔했나! 기존 싱크대와 색상까지 똑같아서, 놀러 온 지인들은 이 보조 싱크대가 폐기 직전의 물건들로 만들어졌다는 걸 전혀 눈치채지 못한다.

옷장이 된 책장

남도로 이사하면서 애써 가져온 10자 장롱이 임시 거처인 연립 주택의 비좁은 현관을 통과하지 못했다. 20년 넘게 사용한 장롱이지만 부서지지 않았으니 계속 쓰려 했는데, 이삿짐 탑차에 실어 다섯 시간을 이동한 보람도 없이 폐기물 스티커 부착으로 잔명이 끊기고 말았다. 장롱도 아깝고 여러 사람의 헛수고도 아깝다.

연립 주택에서 옷장 없이 2년을 살았다. 이제 새 터에 집을 지었으니 옷장을 마련해야지. 처음에는 붙박이장을 설치할 생각이었다. 그런데 자꾸 생각이 곁길로 간다. 붙박이장은 돈만 있으면 언제든 설치할 수 있다. 하지만 나는 돈으로 해결하기보다 있는 자원을 활용하는 게 더 좋다. 알뜰하고 효과적이고 기발한 방법이 없을까?

이사 오기 전 수십 상자의 책을 버렸음에도 여전히 책이 많다.

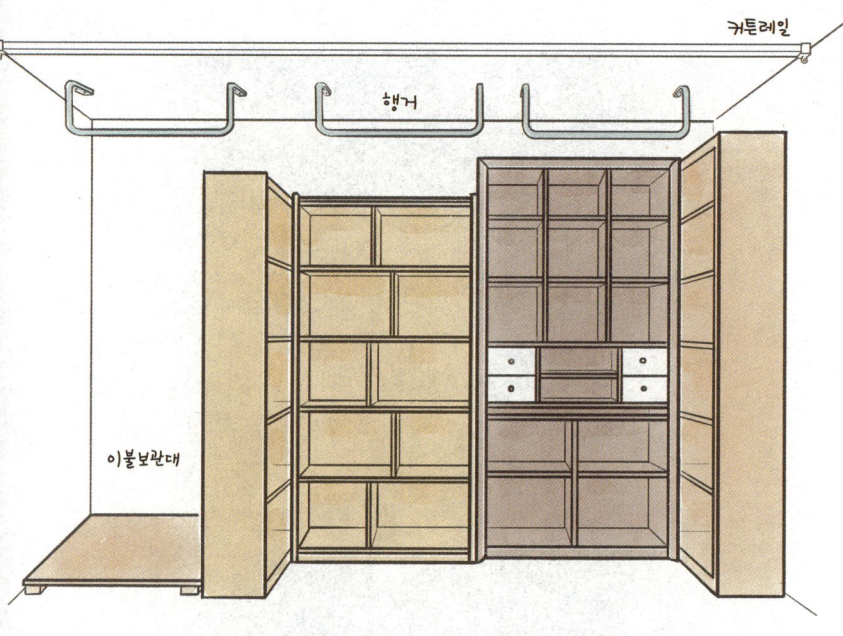

헌 책장 네 개로 옷장을 만들었다.
왼쪽 두 개는 남편 옷장, 오른쪽 두 개는 내 옷장이다.
모든 옷을 계절별, 종류별로 수납한다.
코트와 정장류는 옷걸이로 천장의 행거에 건다.
앞쪽에 흰 광목 커튼을 달아 내부를 가린다.

옷장에서 낮잠을 즐기는 달.
옷장은 달이가 즐겨 숨는 장소 중 하나다.

집이 작아서 일곱 개나 되는 키 큰 책장을 놓을 자리가 없다. 집성목 책장 세 개만 간신히 별채에 들이고, 나머지 책들은 낮은 붙박이 책장을 만들어 수납했다. 남아도는 키 큰 책장 네 개는 어떻게 하지? 그때 '책장으로 옷장을?'이라는 발상의 전환이 이뤄졌다. 바로 그거야!

책장 네 개를 ㄷ자 모양으로 배치한다. 왼쪽 책장 두 개에는 남편의 옷을, 오른쪽 책장 두 개에는 내 옷을 수납한다. 각 칸마다 '반팔 상의', '긴팔 상의', '원피스', '스커트', '바지' 등의 라벨을 붙이고 의류를 수납한다. 책장의 칸이 많아 기성품 옷장보다 훨씬 많은 양의 옷을 수납할 수 있다. 봄가을 옷과 여름옷, 겨울옷 등이 한눈에 구분된다. 책장의 왼쪽 여유 공간에는 이불을 수납한다. 천장에 튼튼한 행거를 부착해 코트와 정장을 걸고, 전면에는 백색 광목 커튼을 만들어 단다. 옷장 겸 작은 드레스룸이 만들어졌다.

옷을 갈아입을 때 밖에서 인기척이 나면 커튼 안으로 얼른 숨는다. 달이가 안 보일 때 커튼을 살짝 젖히면 남편의 '외출용 바지' 칸에서 낮잠 자는 달이를 볼 수 있다. 남편의 바지는 언제나 고양이 털로 도배되어 있다.

의자의 소생

일룸 의자

25년 전 구입한 일룸 의자 두 개를 버릴까 말까 망설인다.

남도로 이사 올 때, 임시 거처인 셋집이 비좁아 이삿짐 일부를 밭의 비닐하우스에 넣어 두었다. 일룸 의자 두 개도 비닐하우스에서 들이치는 비에 젖고 덩굴에 휘감긴 채 오래 방치되었다. 집을 지은 후 비닐하우스의 짐을 가져와 보니 의자 꼴이 말이 아니다. 누가 보더라도 살려서 쓸 수 없는 폐기물이다.

버릴까 말까 몇 번을 망설이다 차마 버리지 못한다. 아까워서가 아니라, 이 쓰레기가 또 어디로 갈까 생각하니 마음이 불편해서다. 아예 의자를 안 쓴다면 모를까, 버리면 어차피 또 사야 하는데……. 그래서 결심했다. 커버를 바꿔서 쓰자!

일룸 의자의 등받이를 떼어 내는 일은
무척 쉽다. 육각 렌치로 살살 돌리면
등받이와 의자 본체가 바로 분리된다.
앉는 자리에 천을 씌워 고정하고,
달이 발톱에 뜯겨 너덜거리는
등받이 커버도 깔끔한 천으로 바꾼다.
완전히 새 의자가 됐다.

삐걱거리는 식탁 의자에 목공 본드를
칠하고 클램프로 단단하게 고정한다.
흠집이 생긴 쿠션을 무늬 천으로 감싸고,
아랫면의 삭은 부직포를 제거한 후
검은 천으로 마감한다.
새것보다 예쁘다.

육각 렌치로 등받이를 떼어 낸다. 의자를 뒤집어 아랫면의 부스러진 부직포를 모두 제거한다. 신축성 있는 니트 천으로 의자 바닥을 덮고 핀으로 임시 고정한 후, 에어 타카로 ㄷ자 타카 핀을 박아 결합한다. 너덜거리는 등받이 커버도 교체한다. 원단 상자에서 적당한 천을 찾아 등받이에 딱 맞게 바느질해서 씌운다. 커버를 교체한 등받이를 육각 렌치로 다시 의자에 결합한다.

쓰레기로 폐기되기 직전의 의자가 완전히 새 의자로 태어났다. 이거야말로 의자의 소생 아닌가!

식탁 의자

인도네시아산 오리나무로 만든 저렴한 식탁 의자를 신혼 때 구입해, 25년의 시간 동안 몇 번의 이사를 함께 다녔다. 긴 세월 잘 사용했는데, 근래 들어 삐걱거리며 흔들거린다. 분해해 보니 프레임 결합 부위가 많이 헐거워져 있다. 목공 본드를 칠하고 클램프clamp로 단단히 조여서 고정한다.

식탁 의자 역시 아랫면의 부직포가 긴 세월 삭고 부서져 다 날아갔다. 유명 브랜드 의자나 저가의 인도네시아산 수입 의자나 밑바닥 마감에 부직포를 쓰는 건 똑같구나. 의자 회사들은 왜 삭기 쉬운 부직포 마감을 당연시할까? 의자를 20~30년씩 사용하는 사람이 있을 리 없다고 생각하는 걸까?

예전에 사 둔 20수 리넨 원단을 꺼낸다. 문양과 색상이 차분하고 조화로워 의자 천갈이에 그만이다. 에어 타카를 이용해 의자에 천을 고정한다. 의자 밑의 삭은 부직포를 깨끗이 정리하고 검은색 천을 덮어 마감한다.

옷이 날개라더니, 20년을 함께한 의자가 이렇게 아름다운 줄 몰랐다. 새것으로 내게 처음 왔을 때보다 백배나 곱고 사랑스럽다.

폐타이어 모탕

모탕은 단순한 도구이지만, 올바른 크기로 만들려면 신중을 기해야 한다. 모탕은 도끼의 동반자이며, 모탕이 불안정하거나 도끼질에 알맞지 않으면 도끼는 제 실력을 발휘하지 못한다.
—라르스 뮈팅, 『노르웨이의 나무』, 열린책들, p.141

남편은 틈만 나면 땔감을 주워 온다. 간벌한 산에 가면 버려진 나무가 지천이다. 나무가 썩는 게 아까워 알뜰히 주워 온다. 우리 집 마당에도 가지치기한 나뭇가지가 산더미다. 뚝뚝 부러뜨려 불쏘시개로 쓴다. 잘 말린 나무는 한겨울 난로의 땔감이 된다. 나무 덕에 집이 훈훈하다.

큰 통나무를 쪼갤 땐 도끼날을 망치로 두드려 통나무에 쐐기를 박은 후 해머로 내리친다. 작은 나무를 쪼갤 땐 세워 놓고 도끼로 팬다. 단번에 쪼개질 때도 있지만 헛손질할 때도 많다. 도끼

작은 나무를 도끼로 팰 때,
폐타이어 모탕이 유용하다.
버리는 폐타이어에 이런 쓸모가 있다니!

를 휘두를 때마다 장작이 넘어지거나 튕겨 나간다. 쓰러진 장작을 일으켜 세우느라 남편은 숱하게 허리를 굽힌다. 땔감을 잡아 줄 뭔가가 있으면 좋을 텐데.

모탕이 필요하다. 국어사전에서는 모탕을 "나무를 패거나 자를 때 받쳐 놓는 나무토막"이라고 설명한다. 하지만 우리에게는 그보다 진일보한 모탕, 장작을 안정감 있게 잡아 주는 모탕, 도끼질하는 사람의 피로도를 줄여 줄 모탕이 필요하다. 책 『노르웨이의 나무』를 읽다가 기발한 아이디어를 발견한다. "폐타이어 모탕! 바로 이거야!"

당장 읍내 카센터에 가서 폐타이어를 얻어 온다. 폐타이어에 장작을 꽉 채운 후 도끼로 패기 시작한다. 장작이 튕겨 나가지 않으니 일의 효율이 높다. 도끼질의 충격을 고무의 탄성이 흡수해 주니 안정감도 크다. 폐타이어에 이런 쓰임새가 있다니!

"좋은데? 기대 이상이야!" 남편이 '엄지척'을 한다.

동백꽃 시계

흔한 지자체 행사 기념품이다. 작은 시계가 달린 연필꽂이인데 검은 가죽 스타일이 처음부터 마음에 들지 않았다. 멀쩡한 걸 버리자니 마음에 걸려 1년쯤 연필꽂이로 쓰긴 했지만, 책상 정리를 하다 보니 역시 눈에 거슬린다. 에잇, 버리자! 하지만 시계까지 버리자니 좀 미안하다. 시계만 떼어 활용해 볼까?

연필꽂이에서 시계를 분리한다. 작은 드라이버를 사용하니 간단히 풀린다. 시계를 끼울 새로운 틀을 찾아 두리번거리다 책상 서랍에 모아 둔 엽서 뭉치를 발견한다. 2019년 동백꽃과 멧돼지 그림엽서가 눈에 들어온다. 좋아, 이걸로 하자!

엽서의 중앙 부분을 오려 내어 시계를 끼우고 드라이버로 결합한다. 패브릭 테이프로 시계 앞면의 지자체 홍보 문구를 가린 후 침대 옆 벽면에 걸었다. 흰 벽 위로 붉은 동백꽃이 도드라진다.

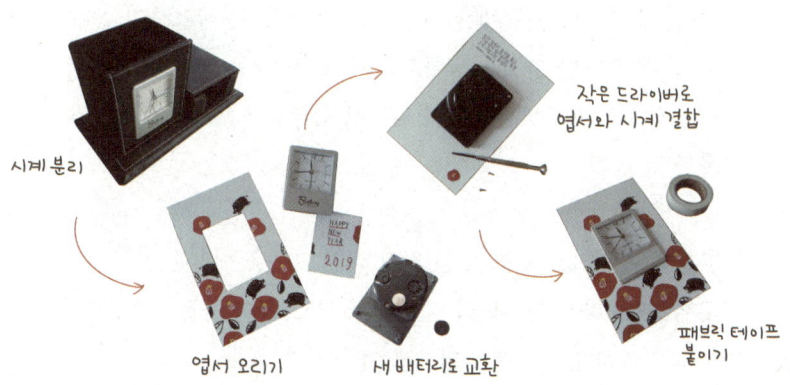

시계 분리 · 엽서 오리기 · 새 배터리로 교환 · 작은 드라이버로 엽서와 시계 결합 · 패브릭 테이프 붙이기

7. 쓸모라는 말   247

깨진 후 웃다

설거지하는데 국그릇이 손에서 저절로 툭, 분리되었다. 아주 고요한 이별이었다. 격렬한 충격이나 다툼도 없이, 태어날 때부터 남이었던 듯, 잡았던 손을 탁 놓아 버렸다. 그릇의 기이한 자기결별을 내려다보다가 빙긋, 웃음이 났다.

그래, 깨져야 다른 존재가 되지. 이 순간부터 넌 국그릇이 아냐. 이제 국 대신 다른 것을 담아. 그릇으로 사는 동안 한 번도 담아보지 않았던 것, 생경하고 위험하고 간지러운 것들. 하하 웃음 나는 것들.

분분히 흩어진 불두화 꽃잎 위에 깨진 그릇을 내려놓고 토끼풀 꽃 두 개를 따서 가지런히 담는다. 반짝! 그릇이 눈을 뜬다. 하하 웃는 입속에 앙증맞은 아기 이빨이 보인다.
"그릇이 파안대소하네! 아, 예뻐!"

국그릇은 여기 없어. 깨진 몸으로 실컷 놀아 보는 거야.
운명을 사랑하자고. 아모르파티.

인생이 담긴 선물

8.

떼어 주다, 내 인생의 일부

선물을 돈으로 사지 않으려 한다. 축하금을 계좌로 입금하는 것도 썩 내키지 않는다. 너무 흔하고 쉬운 방법 같아서다. 기성품 선물 세트나 현금 봉투에는 왠지 '나'가 빠진 느낌이다. 이런 미진함을 예전에는 전혀 느끼지 않았다. 도시에서 직장에 다닐 땐 감사 표시의 대부분을 현금 봉투로 했다. 맞벌이라 시간이 없는 대신 돈이 있었고, 회사 일과 집안 살림 외엔 내가 할 줄 아는 것도 없었다. 그땐 현금 봉투에도 '나'가 충분히 들어 있다고 여겼다. 그런데 지금은 '나'가 빠진 것 같다니?

도시에서 시골로 이주하자 거처와 환경뿐 아니라 삶의 내용도 달라졌다. 돈은 덜 쓰고 몸은 더 쓰는 삶으로 바뀐 것이다. 삶이란 게 한쪽이 비면 다른 한쪽을 채우는 것으로 균형을 잡는 모양이다. 전에는 돈 버느라 돈 쓸 시간이 없다고 자조했는데, 이제는 돈 대신 시간이 많아져 별별 일을 다 하고, 별별 물건을 다 만들

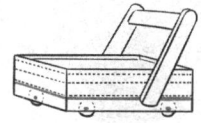

고 있으니 말이다. 어떤 의미에서는 인생을 되찾은 기분도 든다.

삶이 바뀌니 마음도 달라지고 태도와 관계도 달라진다. 꼭 특별한 날이어서 하는 선물이 아니라, 문득 생각나서, 받는 이가 좋아할 것 같아서, 나눠 먹고 싶어서 선물 꾸러미를 만든다. 봄에 파릇파릇 돋아난 봄나물을 보면 도시에 사는 벗들이 떠오르고, 화덕에 죽순을 삶으면 죽순 좋아하는 이들이 떠오른다. 가을 햇볕에 묵나물을 말릴 때도 같은 마음이다. 촌에는 넘치지만 도시에선 귀한 것들, 이걸 받으면 얼마나 좋아할까. 그래서 자꾸 택배를 꾸리게 된다.

선물에 내 시간과 노동을 담으려고 한다. 봄나물, 죽순, 땅두릅, 표고버섯, 건고사리, 건고추, 곶감, 대추, 알밤, 매실청, 연잎차, 민들레차, 각종 잼과 장아찌들……. 우리 뜰과 밭에서 거두어 만

든 것들은 나의 선물로서 자격을 갖췄다. 찍어낸 듯 똑같은 물건들이 넘쳐 나는 세상, 돈만 있으면 무엇이든 쉽게 사는 세상, 정성 쏟아 기른 농산물도 돈으로 환산하면 허탈해지고 마는 세상이지만, 그럴수록 나는 이런 선물들이 좋다.

며칠간 다락방에서 고개를 처박고 침침한 눈을 비벼 가며 바느질한 원피스와 블라우스, 바지와 스커트를 선물하기도 한다. 지금까지 손수 지어 선물한 옷이 수십 벌이고, 모자나 가방, 머플러, 마스크, 행주나 앞치마 같은 것까지 치면 헤아리기도 어렵다. 나무로 만든 것, 흙으로 빚은 것도 꽤 있다. 내 삶의 시간을 투입해 만든 것들이라 인생의 한 조각을 떼어 주었다는 느낌마저 든다. 독특한 선물이라 받는 쪽에서도 즐거워하겠지만, 나누는 쪽의 즐거움은 더 말할 나위가 없다. 통장에서 통장으로 숫자 몇 개 건너간들 이만큼 재미있을까.

물론 현금에도 선물하는 이의 마음과 노고가 담겨 있다. 애써 노동해 번 돈으로 내가 먹고 쓸 것을 줄여 가며 상대방에게 주는 것인데 왜 안 그렇겠는가. 보편적이고 교환 가능한 현금이야말로 고민이 필요 없는 선물이고 받는 쪽에서도 요긴할 것이다. 하지만 선물 받는 이한테서 "꺄아악~!", "어머낫!" 이런 한 마디가 터져 나올 확률은 현금보다 내가 만든 물건 쪽이 더 높을 것이다. 주는 사람과 받는 사람이 함께 비눗방울 팡팡 터지듯 환히 웃는 행복감, 그 특별한 즐거움에 대한 기대감이 있다.

사족이지만, 내 농사로 거둘 수 없는 것(수산물이나 공산품)을 선물할 때도 있고, 반드시 현금 봉투를 전해야 할 때도 있다. 결혼식이나 장례식 부조금, 아이들 세뱃돈이나 어른들 용돈까지 원피스나 묵나물로 대체할 만큼 바보는 아니다. 아들이 주는 용돈을 마다할 리도 없고 말이다.

블록 장난감 상자

퇴사한 지 반 년쯤 지났을 때, 같은 회사에 근무했던 후배의 아들 돌잔치 소식을 들었다. 목공에 대한 열의에 불타던 시기라 흔한 돌 반지 선물보다는 재미난 장난감을 만들어 주고 싶었다. 축하 금붙이야 어른들을 위한 선물이지 아이의 놀잇감은 아니지 않나?

첫 돌을 지난 강이가 재미있게 갖고 놀 만한 장난감이 뭘까? 자동차나 비행기 모형처럼 형태가 고정된 기성품은 끌리지 않는다. 아이 스스로 만들고 부수고 재구성할 수 있는 놀잇감이 좋겠다. 우리 아들도 두 돌 즈음까지 플라스틱 블록을 쌓으며 놀았고, 좀 커서는 섬세한 레고 블록의 늪에 빠져 온갖 물건을 조립했으니까. 해체와 조립, 응용과 창조는 아이들의 타고난 본능 같다.

소나무 블록을 2단으로 쌓고,
아래쪽에 바퀴를 살짝 숨겼다.
강이가 블록 쌓기보다 상자를 수레처럼
타고 다니는 걸 더 좋아했다고 한다.

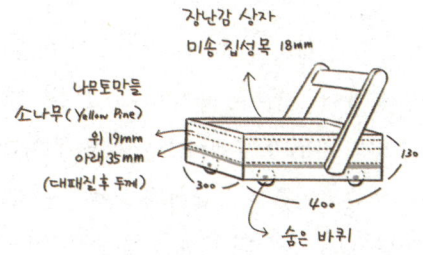

나는 강이에게 플라스틱 블록 대신 소나무 블록을 선물하기로 한다. 자유자재로 쌓고 배열하고 허물 수 있는 놀잇감, 와르르 무너져도 다치지 않고 입에 물어도 안전한 장난감, 게다가 향긋한 나무 향까지 맡을 수 있다면 금상첨화겠지. 블록을 담는 장난감 상자에 바퀴를 달아 주면 수레처럼 밀고 다닐 수도 있을 거야!

장난감 상자를 스케치한 후, 길이에 맞춰 미송 집성목을 재단한다. 나무 블록이 2단으로 들어갈 수 있도록 상자의 깊이를 정한다. 상자 밑의 바퀴가 밖에서 보이지 않게 아래쪽으로도 여유 공간을 둔다. 손잡이를 비스듬하게 고정해 수레처럼 밀고 다닐 수 있게 한다. 나무 블록의 재료는 향 좋은 소나무다. 두께가 다른 두 장의 원목을 대패질한 후 장난감 상자 크기에 맞춰 재단하고, 여러 개의 조각으로 자른다.

넘어야 할 가장 큰 산은 사포질이다. 나무 블록 오십 개의 각진 모서리를 사포로 둥글게 다듬는다. 아침에 일어나 대여섯 개 문지르고, 밥 먹고 나서 또 대여섯 개 문지르고, 설거지 후에 또 몇 개 문지르고, 책 읽다가 지루해지면 또 나가서 문지르고……. 사포질에만 며칠이 걸린다. 휘날리는 나무가루를 몇 홉은 마신 듯하다. 그래도 소나무 먼지는 향긋하다.

장난감 상자를 아크릴 물감으로 채색하고 수성 바니시를 칠했다. 400방 사포로 다듬은 후 한 번 더 바니시로 마감했다. 마지막으로 바깥에서 잘 보이지 않도록 바퀴를 달았다. 나무 블록은 아무것도 칠하지 않은 순수한 소나무다. 강이가 씹어도 해롭지 않을 것이다. 장난감 상자는 아주 튼튼해서 강이가 타고 다녀도 끄떡없을 것이다.

"건강하게 잘 자라라. 강아!"

커플 식탁 매트

옛 직장 후배가 시집을 간단다. 늦도록 결혼을 안 하기에 평생 혼자 살려나 했는데 감춰 둔 짝이 있었던 게다. 결혼 선물로 현금보다 더 기억에 남을 선물을 만들어 주고 싶다. 뭘로 할까? 원단 바구니를 뒤지니 오래전에 사 놓은 무명 한 필이 있다. 무명 장인이 베틀에서 수작업으로 만든 무명인데, 일부는 감물 염색, 일부는 양파 염색을 해서 보관해 왔다. 이걸 쓰면 되겠구나!

감물을 들인 무명으로 주방용 수건을 만들고, 자투리로는 티 매트를 만들었다. 감물의 갈색과 양파의 노란색이 잘 어울린다. 부드러운 체크무늬 천으로는 손수건을 만들었는데 행주로 써도 괜찮을 것이다. 광목과 리넨 조각을 이용해 신랑 신부 식탁 매트도 만들었다. 예쁜 접시와 함께 놓으면 식탁이 환해지려나? 후배가 북디자이너라서 디자인에 마음이 쓰인다.

티 매트, 식탁 매트, 손수건, 주방 수건,
모두 쌍으로 만들었다. 천의 빛과 올이
색 바래고 닳고 낡아 가듯, 두 사람도
서로 닮고 익숙하고 편안해지기를.

8. 떼어 주다, 내 인생의 일부

천연 염색은 시간이 흐르면 빛이 바래고 색도 변한다. 감물의 갈색도, 양파의 노란색도 머잖아 색을 잃을 것이다. 세월이 흐르면 천의 올도 닳아지겠지. 지극히 자연스러운 일이다. 두 사람도 시간의 흐름 속에서 서로에게 기대어 서서히 닳고 편안해지기를.

신혼여행에서 돌아온 그녀가 선물을 받고 감동의 메시지를 보내왔다. 내 마음이 환해졌다.

"은정아, 인생은 가을빛처럼 짧다. 가득 누리렴."

―

이미 결혼한 다른 후배들이 이 선물을 보고,
이혼하고 다시 결혼하면 자기한테도
선물해 줄 거냐고 야단이더라.

그녀의 긴 의자

우린 대안 학교 학부모로 만났다. 그녀는 직관력이 뛰어나고 말에 군더더기가 없는 사람이었다. 학부모들이 모여 만든 미인가 대안 학교였으므로 학교 운영부터 회의, 통학 카풀, 청소 등에 이르기까지 학부모가 감당해야 할 의무가 많았다. 회사의 배려로 출근 시간을 늦춰 등교 카풀을 맡는 등 최선을 다했지만 직장 일로 더러 참여하지 못하는 경우도 생겼다. 미안해하는 내게 그녀는 단호히 말했다. "할 수 있는 사람이 하면 돼요."

함께 만든 공동체에서 구성원들의 1/n 참여와 노동이 당연하다 믿었던 내 고정관념은 충격을 받았다. 그녀는 경제적으로 어려운 사람, 몸이 아픈 사람, 직장 일로 시간을 내기 힘든 사람이 경제적으로 여유 있는 사람, 몸이 건강한 사람, 상대적으로 시간이 많은 사람과 똑같은 방식으로 참여할 필요는 없다고 했다. 그녀가 다시 덧붙였다. "할 수 있는 걸 하면 돼요." 이 대화는 그녀에 우리 집에 있는 긴 의자다.
그녀에게 간 긴 의자도 이와 똑같이 생겼다.
그녀와 나의 한 시절이 담긴 의자,
아직 그 집에 놓여 있을까?

대한 나의 첫 번째 강렬한 기억이 되었다.

그녀는 나보다 세 살 아래였지만 학부모로선 선배였다. 대안 학교를 만든 주체 중 한 명이기도 했다. 참여와 의무의 정량 계산에 익숙했던 내게 그녀는 딴 세상의 감각을 보여 주었다. 나는 그녀에게 서서히 동화되었다. 학교 운영을 위해 학부모들이 매달 내는 교육비는 낮은 하한선만 정해져 있었다. 누가 얼마를 내는지는 교사회만 알 뿐 철저히 비밀에 부쳐졌다. 적게 내는 사람이 기죽지 않고, 많이 내는 사람이 오만하지 않게 하려는 조치였다.

초창기 대안 학교로서 가 보지 않은 길을 가다 보니 좋은 일도 많았지만 힘든 일은 더 많았다. 우여곡절 끝에 학교는 3년 만에 문을 닫았다. 그 무렵 그녀는 병을 앓았고, 나는 시골로 떠났다. 그녀가 거처를 옮긴다는 말을 들었을 때 뭔가 필요한 것을 선물하고 싶었다. 마침 식탁 의자를 바꿔야 한다기에 내가 나섰다. 등받이 의자라면 엄두도 못 내겠지만, 그녀가 등받이 없는 벤치형 의자를 원한다기에 그 정도라면 만들 수 있겠다 싶었다. 작업하는 김에 네 개를 만들어 우리 집에도 놓아야지.

길이와 폭, 높이를 정하여 원목 재단표를 짠 후, 소나무를 재단한다. 먼저 의자를 단단하게 받쳐 줄 사각 틀을 짜고, 틀마다 네 개의 다리를 조립한다. 의자의 상판이 될 판재는 폭이 좁으니, 두 개의 판재를 짜맞추어 클램프로 단단히 결합한다. 틀과 다리에 상판을 올려 형태를 완성한다. 상판 테두리와 의자 다리의 모서리를 트리머로 둥글게 깎고, 다리 바닥에는 작고 얇은 나뭇조각을 깎아 붙인다. 120방 사포로 문지른 후 수성 바니시를 칠하고, 다시 400방 사포로 보드랍게 다듬은 후 바니시를 한 번 더 발라 마감한다.

의자 두 개는 그녀의 집으로 보내고, 두 개는 우리 집으로 가져왔다. 진한 소나무 향기가 거실에 가득하다. 채색하지 않고 수성 바니시로 마감하니, 아름다운 나뭇결이 차분히 드러난다.

―

그로부터 1년 후, 다른 학부모의 부축을 받으며
그녀가 우리 집에 왔다. 향초와 캔들 홀더를 잔뜩 사 왔기에
뭘 이렇게 많이 샀느냐 했더니 "많이 켜두면 예쁘잖아요." 한다.
걷는 것도 힘겨워 보였지만 그녀는 여전히 활짝 웃고
씩씩하게 말한다.
몇 개월 후 그녀는 떠났다. 캔들 홀더에 향초를 얹어
불을 붙일 때마다 그녀를 생각한다.

봄맛 나누기

미루다간 끝없겠다. 봄나물은 때가 있다. 다른 일은 미뤄도 봄나물을 미루면 영영 후회한다. 상큼한 봄맛을 보내 주고 싶은 사람들이 있다. 고마운 이들도 많고 아픈 친구도 여럿이다. 아플수록 생생한 봄기운이 필요한 법이다. 기운 잃은 도시의 작은 방에 생명력 넘치는 풋것들을 넣어 주고 싶다. 된장만 있어도 충분한 쑥과 냉이, 알싸한 달래, 참나물과 취나물의 향을 맛보여 주고 싶다. 머위의 쌉쌀한 맛은 입맛을 당기고, 강렬한 당귀 향과 오가피 순은 없는 에너지도 샘솟게 할 것이다.

봄나물은 시들거나 무르지 않도록 채취하자마자 바로 보내야 한다. 나물 종류가 많을수록 채취와 포장에 시간이 걸린다. 이른 아침을 먹고 바로 바구니를 챙겨 들고 나간다. 밭둑과 비탈을 다니며 나물을 뜯고, 오가피 순도 딴다. 고사리밭으로 들어가 손에 잡히는 대로 어린 고사리를 끊는다. 남편은 장대 끝에 낫을 달아 두릅과 엄나무의 순을 따고, 밭으로 내려가서 땅두릅의 밑동을 칼로 끊는다.

둘이서 네다섯 시간 동안 부지런히 움직여 채취한 각종 나물을 농막 앞에 늘어놓고 포장을 시작한다. 종류별로 나물을 나눠 신문지에 돌돌 싸고, 마르지 않도록 약간의 물을 뿌린 후 비닐봉지에 담는다. 예닐곱 종류의 나물을 골고루 박스에 담고 수취인의 이름을 쓴다. 택배 마감 시간은 오후 3시, 포장을 마친 열댓 개의 박스를 차에 싣고 택배사로 달린다. 마감 10분 전에 도착해 접수를 마치고 나니 온몸이 땀범벅이다.

봄나물 선물을 꾸릴 때면 '별님'의 몫을 빼놓지 않는다. 닉네임이 '별의 여행'인데 나는 그냥 별님이라 부른다. 그분과 인연을 맺은 지 20년쯤 됐다. 별님은 대학 졸업 후 이탈리아 아시시에서 공부하고 돌아와 가톨릭 서적을 번역하는 일을 하셨다. 우리가 강화에 살 때는 종종 우리 집에 오셔서 함께 식사하고, 텃밭에서 채소도 거두며 세상사를 이야기했다. 세월호 사건이 터졌을 땐 도저히 가만히 있을 수 없다며 팽목항에 나가 자원봉사를 하셨는데, 그때 심한 가슴앓이로 건강을 크게 해치셨다.

별님은 우리 아들에게도 특별한 분이다. 중학 과정 홈스쿨링을 하던 시기에 아들은 별님의 소개로 장애인 복지 시설인 '프란치

향기로운 오가피 순, 두릅 순, 엄나무 순,
쌉쌀한 머위, 쑥과 달래, 참나물과 취나물…….
봄마다 나물을 뜯어 고마운 이들과
아픈 친구들에게 보낸다. 겨울을 견디고
솟아난 햇것들로 기운 북돋기를 바라며.

스코의집'에서 꽤 오랫동안 장애인 돌봄 봉사를 했다. 그 경험은 아들에게 삶의 방향을 보여 주었고, 특수교사의 길로 이끌었다.

작년 봄, 멸치액젓을 걸렀다고 했더니 조금 맛보고 싶다 하셨다. 병상에 누운 지 오래고 일반적인 음식을 거의 드시지 못하는 상태라, 액젓에 입맛이 당긴다는 말씀이 반가웠다. 기쁜 마음으로 쑥과 머위를 담은 봄나물 상자에 작은 액젓병을 넣어 보냈다. 봄맛과 묵은 맛을 조금씩 맛보시고, 한 달 후 별님은 떠나셨다.

평생 독신으로 살면서 이웃 걱정에 마음 닳던 분, 자신이 겪는 고통을 외부에 좀처럼 드러내지 않던 분. 새봄에 돋아난 머위와 쑥이 당신에 대한 기억으로 자동 치환되는 증세를 내게 남기고 별님은 그렇게 가셨다. 통증뿐이었던 몸 훌훌 벗고 지금쯤 '별의 여행'을 하고 계시겠지.

향유의 그릇장

향유 님을 만나고 돌아왔다. 온몸이 바닥으로 가라앉고 마음이 기진맥진하다.

'향유재'는 따뜻한 공간이다. 봄부터 가을까지 정원에 온갖 꽃이 피고, 한겨울에는 벽난로가 타오르는 집. 창가에는 작은 꽃병들이 늘어서 있고, 식탁에 따뜻한 음식이 차려져 있는 집. 갑작스런 대재앙으로 지구가 빙하기에 파묻혀도 그곳만은 마법처럼 봄꽃이 피어 있을 것 같은 집. 향유재는 언제나 그런 곳이었다. 그러나 지금 향유재는 불 꺼진 집 같다. 집 전체가 무거운 슬픔과 침묵에 짓눌려 있다.

"너무 늦게 않게 보아요." 하시기에 먼 길을 달려갔다. 손을 씻고 마스크를 끼고 향유 님이 누워 계신 방으로 들어간다. 향유 님이 웃으며 내게 손을 내민다. 나는 침대 가장자리에 앉아 향유

우리가 함께 만든 그릇장.
나의 손길이 그녀 곁에 오래 머물렀다는 사실에 위로받는다.

님의 손을 잡는다. 말에 마음을 담을 방도가 없어 눈과 손으로 그녀를 붙들려 애쓴다. 이야기와 침묵이, 미소와 눈물이 이어졌다 끊기길 반복한다. 10여 년 전, 향유 님이 나를 위해 만들어 주었던 리넨 원피스 얘기를 내가 꺼낸다. 반할 만큼 예뻤지만 내게는 너무 컸던 옷. 커다란 자루에 담긴 듯한 내 꼴을 보고 향유 님이 "바보 같아요."라며 깔깔 웃었던 일. 그 얘기에 향유 님이 소리 내어 웃는다. 나도 함께 웃는다. 웃는 눈에서 흘러내린 눈물이 마스크 속에서 콧물과 뒤섞여 입안에 고인다.

향유재 거실 벽에 걸린 그릇장에 눈길이 머문다. 향유 님과 내가 함께 만든 그릇장이다. 찻잔과 작은 그릇을 진열할 선반이 필요하시다기에 자재를 사다가 우리 집에서 만들었다. 완성한 그릇장을 거실 벽에 걸고 찻잔과 접시를 수납하며 즐거워했는데, 그게 벌써 18년 전의 일이 되었다. 그릇장을 보며 나의 손길이 향유 님 곁에 오래 머물렀다는 사실에 위로받는다.

우리는 소멸과 재구성을 반복하는 물질계의 일원이고, 흩어지더라도 한때 우리를 구성했던 원자는 사라지지 않는다는 사실에 위안을 받았었다. 떠나도 아주 떠난 게 아니라는, 잃어도 아주 잃은 게 아니라는 위안. 그러나 관념이 기댄 자리가 참으로 허약하다. 그때의 위안이 지금의 내게 조금도 위안이 되지 못하는 걸 보면.

나는 수소나 탄소 같은 원자가 아닌 현실의 피와 살을 가진 사람을 사랑한다. 미소 짓고 부드럽게 말하고 토닥토닥 안아 주는 유일한 존재 말이다. 흩어지고 나면 무질서한 원자들을 아무리 끌어모아도 다시 그녀로 되돌릴 수 없다. 그녀가 떠나면 어디서 그 목소리를 듣고, 어디서 그 웃음을 다시 보며, 그 다정함과 따뜻함을 어디서 만난단 말인가.

가슴속에 두려움과 슬픔이 차오른다. 책장에 꽂아 둔 책을 꺼낸다. 기갈에 시달리는 방랑자처럼 외부의 물기를 찾는다. 그녀의 고통을 덜어 주지 못하는 무력함의 고통에서 달아나고 싶다. 손에 잡힌 책은 전에 읽었던 『물고기는 존재하지 않는다』이다. 뭔가 읽으면 내 안의 고통의 농도가 묽어질까.

"인생의 의미가 뭐예요?" …… 아버지는 쌍안경 뒤에서 한쪽 눈썹을 치켜올리고는 잠시 아무 말도 하지 않았다. 그러다 씩 웃는 얼굴로 내게 돌아서면서 이렇게 단언했다. "의미는 없어!"
— 룰루 밀러, 『물고기는 존재하지 않는다』, 곰출판, p.54

별이나 무한의 관점, 완벽함에 대한 우생학적 비전의 관점에서는 한 사람의 생명이 중요하지 않아 보일지도 모른다. 금세 사라질 점 위의 점 위의 점일지도 모른다. 그러나 그것은 무한히 많은 관점 중 단 하나의 관점일 뿐이다. …… 한 사람은 훨씬 더 많은 의미일 수 있다. 어머니를 대신해주는 존재, 웃음의 원천, 한 사람이 가장 어두운 세월에서 살아남게 해주는 근원.
— 앞의 책, p.227

이제야 나는 나의 아버지에게 할 반박의 말을 찾아냈다. 우리는 중요해요. 우리는 중요하다고요!
— 앞의 책, pp.227~228

눈물을 글썽이며 나도 마음으로 소리친다. 당신은 중요해요. 당신은 내게, 우리에게 유일하고 중요하다고요!

9.
물려받다, 그의 인생 한 조각

언니들 방 책상 위에 작은 나무 상자가 있다. 잠금장치가 없는 상자라 얼마든지 열어 볼 순 있지만, 안에 든 물건을 가질 순 없다. 그것은 개방된 금기라서 어린 나를 사로잡는다. 상자 안에는 목걸이와 귀걸이, 브로치 같은 작고 예쁘고 반짝이는 것들이 들어 있다. 모두 큰언니의 것이다. 값나가는 보석이나 금붙이도 아니고 새내기 여교사의 소박한 액세서리지만, 어린 내 눈에는 그것이 '보물'로 보인다. 어찌나 예쁜지, 이런 물건을 가진 큰언니가 부럽기 짝이 없다. 까마득한 세월이 흘러 많은 것이 잊혔지만, 그 상자만은 기억에 또렷한 걸 보면 어린 내가 그것에 얼마나 눈독을 들였는지 알 만하다.

나는 알고 있었다. 아무리 탐이 나더라도 때를 기다려야 한다는 걸. 큰언니의 옷이 작은언니에게, 작은언니의 옷이 내게 오듯, 큰언니의 목걸이도 언젠가는 내게 올 날이 있을 거라는 걸. 나

는 탐나는 물건을 당장 손에 넣지 못해 안달하는 아이가 아니었다. 옷을 물려받으려면 내 몸이 자라야 했고, 목걸이나 브로치를 물려받으려면 내가 어른이 되어야 했다. 그러나 한때의 갈망도 무디게 만드는 게 시간의 힘이라, 정작 어른이 되어선 장신구에 무관심한 사람이 되고 말았다.

물려받는 것을 당연하게 여기며 자라서인지, 비싼 새 물건보다 사연이 있고 손때가 묻고 마음이 담긴 물건을 더 좋아한다. 공장에서 갓 나온 새 물건과 내가 좋아하는 사람의 손길을 거친 물건 중 선택하라면 나는 후자를 택하겠다. 돈으로 살 수 있는 것과 돈으로 살 수 없는 것의 차이가 그 둘 사이에 있다. 나는 비싼 제품이나 유명 브랜드, 소위 명품이라 불리는 고가품에 눈길도 주지 않는다. 언니들이 물려준 것, 친구들이 만들어 준 것, 사랑하는 이가 남긴 선물로 내 삶은 충만하다.

선물은 받는 것도 좋고 주는 건 더 좋다. 선물에는 물건의 사용 가치 이상의 것이 담겨 있다. 영화 〈아웃 오브 아프리카〉에서 데니스가 카렌에게 건넨 만년필처럼 선물에는 마음을 흔드는 힘이 있다. 그 선물이 상대가 오래 지녔던 물건이라면 중대한 사건의 발화점이 될지도 모른다. '물건'이 오는 게 아니라 '그'가 오는 거니까. 마법처럼 연애가 시작되거나 인생이 격랑에 휘말리기도 하고, 뜻밖의 인연과 얽히거나 예측할 수 없는 미래에 던져지기도 한다.

손수 만든 선물은 인생의 일부를 떼어 주는 일이어서, 잊지 말라고 한 것도 아닌데 그를 잊을 수 없게 한다. 내겐 그런 물건들이 많다. 사람은 떠나고 없는데, 그 손길이 만든 물건이 곁에 남아 남겨진 사람들을 울리고 또 달랜다. 사랑해서 겪게 되는 부재의 고통은 견디는 것 외엔 도리가 없다. 영원한 것은 없으니,

존재의 허망함을 인정하고, 함께 있는 시간의 유한성을 받아들이고, 떠난 이의 유산과 동행하며 남은 시간을 살아갈 뿐이다. 기억하고 사랑하고 그리워하며.

큰언니의 가방

어느 해 여름, 큰언니가 흰 목면 실로 공들여 뜨개질한 거대한 카펫을 내게 선물했다. 나는 말문이 막혔다. 이렇게 넓은 카펫을 뜨개질하려면 얼마나 긴 시간을 들여야 했을까. 온종일 고개를 떨구고 얼마나 오랜 나날을 몰두했을까. 손목인들 성했을까. 뜨개질이 중독성이 있다지만 이 카펫은 너무 거대하잖아! 구입한 뜨개실값도 만만찮았겠는걸……. 선물 받는 내 마음은 카펫만큼이나 무거운데 큰언니는 흐뭇해서 어쩔 줄 모르는 표정이다. 주는 즐거움이 받는 기쁨보다 크다는 게 맞다. 큰언니가 만들어준 카펫을 거실 바닥에 깐다. 바람이 숭숭 통하는 카펫 위에 누우면 한여름에도 등줄기가 시원하다.

큰언니는 천생 '맏이'다. 좋은 것, 예쁜 것을 보면 동생들한테 나눠 주고 싶어 가슴이 통통 뛰는 '큰' 언니다. 휴가철에 형제들이 한자리에 모이자 뿌듯한 표정을 한 큰언니가 또 가방에서 뭔가

부시럭부시럭 꺼낸다. "자, 선물이다!" "우와~!" 다들 입이 떡 벌어진다. 손수 바느질해 만든 퀼트 손지갑이다. 큰올케, 작은올케, 작은언니, 나, 모두 갖가지 색깔로 누빈 퀼트 지갑을 하나씩 나눠 받는다.

내 지갑은 여명의 짙푸른 청색이다. 손지갑의 내부에는 카드를 꽂는 칸들이 있고 열쇠고리도 달려 있다. 이렇게 섬세한 작업을 한 개도 아니고 네 개씩이나 하다니! 오남매의 맏이인 큰언니는 동생들을 고루 사랑하여 누구도 서운함이 없게 하려고 애쓴다. 무엇을 선물하든 기본이 네 개(혹은 여덟 개)인데, 자신의 딸과 며느리가 마음에 걸리면 개수는 더 늘어난다.

큰언니가 뜨개질해서 만들어 준 가방은 내가 가장 아끼는 가방이다. 보는 사람마다 감탄하며 묻는다. "직접 만드신 거예요?" 나는 자랑스럽게 대답한다. "우리 큰언니가 만들어 줬어요." '명품 가방'이란 이런 것이다. 아끼는 사람을 위해 자신의 인생 한 조각을 떼어 정성껏 만든 아름다운 물건.

평생 들고 다니고 싶었는데 2년 만에 뜨개실이 빛바래고 닳기 시작했다. 사시사철 그 가방만 들었더니 더 빨리 닳는다. 골동품 그릇에 음식을 담아 드시는 타샤 튜더 할머니처럼, 귀한 물건은 진열장에 전시하는 게 아니라 일상에서 닳도록 써야 한다고 생

손수 만든 가방,
손수 뜨개질한 카펫,
나는 이런 물건이 명품이라고
생각한다. 물건 속에 담긴
정성과 사랑을 떠올리면
가슴 뭉클하다.

퀼트 손지갑

큰언니의 가방

향유 님의 가방

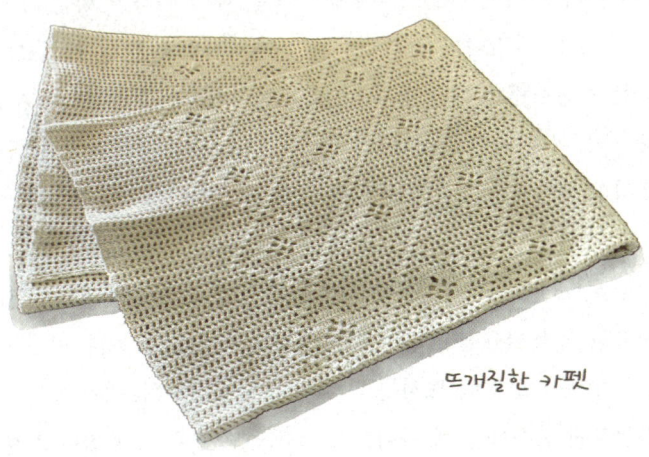

뜨개질한 카펫

각한다. 물건의 입장에선 타고난 쓰임을 다하는 것이고, 선물한 사람의 정성을 온전히 실현하는 일이기도 하다. 뜯어진 부위는 손바느질로 꿰매고, 심하게 낡은 손잡이는 다른 천을 덧대어 바느질했다. 수선한 흔적도 가방의 생애이고 역사다.

어딜 가나 이 가방을 손에서 놓지 않았더니 6년째엔 너무 닳아 수선하기조차 힘든 지경에 이르렀다. 가방을 쉬게 해 줄 때가 되었지만 기성품 가방을 사기는 싫었다. 때마침 향유 님께서 손수 만든 가방을 보내 주셨다. 큰언니의 가방처럼 향유 님의 가방도 소중하고 예뻐서 손에서 놓지 않고 3년째 사용 중이다. 낡고 색 바랜 큰언니의 가방은 다락방에 보관하고 있다. 가방으로 태어나 이만큼 사랑받으며 마지막까지 제 몫을 다한 가방도 드물 것이다.

젊은 시절, 어디서나 뭇사람들의 눈길을 끌 정도로 눈부시게 아름다웠던 큰언니. 노래도 수준급이고, 무용도 잘하고, 손재주도 좋고, 배려심도 많은 언니. 팔순을 바라보는 지금도 여전히 화려한 옷이 잘 어울리고 사람들 사이에서 인기가 많다. 눈이 침침해 뜨개질은 접었지만, 시니어 센터에서 라인 댄스와 한춤을 배워 무대에도 종종 선다. 나비가 날 듯 아름다운 춤사위로 앞줄 가운데 포지션을 담당한다. 활기차게 춤추며 사는 큰언니가 자랑스럽다.

선생님의 탁자

무엇을 만들 때 정성을 불어넣지 못하면 만들어진 것이 허깨비지 물건은 아닌 성싶어요. 물체와 정성이 어울려 만들어진 것이 진짜 물건같이 느껴져요. 그래서 역시 근본은 손이고 그 손을 통해 사람의 정성이 대상에 전달되는데 그 과정이 조용해야 되는구나 싶었어요.
— 전우익,『호박이 어디 공짜로 굴러옵디까』, 현암사, p.51

오래된 옛집 기와, 마당의 노란 산수유, 가지마다 걸린 나무 이름표, 나무가루가 쓱쓱 손바닥에 쓸리던 높다란 대청마루, 그리고 형형한 눈빛의 어른. 전우익 선생님에 대한 나의 오래된 기억이다.

남편 본가가 있는 경북 봉화에 갔다가 선생님 댁을 찾았다. 선생님은 남편을 '고향 친구'라 하시지만, 선생님은 1925년생이고 남편은 1965년생으로 무려 40년 차이다. 선생님은 일제 강점기에 태어나 청년기에 해방과 전쟁을 겪고, 고향에 내려가 평생을 농부로 사셨다. 까마득한 어른이지만 아랫사람을 하대하지 않고 '친구' 또는 '형'이라 부르며 예의를 갖추신다.

톱밥 먼지가 소복한 대청마루에 앉아 이야기를 나누었다. 오래되어 대화의 세세한 내용은 잊었지만, 문장의 참맛이 『근원수필 近園隨筆』에 있다던 말씀이 유독 기억에 남는다. 헤어질 때 손수 만드신 소나무 탁자를 주시며, 좀벌레가 갉아 구멍이 생기거든 접착제와 섞어서 메꾸라고 톱밥 봉지도 함께 챙겨 주셨다. 아이의 손에 자투리 나뭇조각으로 만든 작은 새를 쥐어 주시며 "갈수록 작은 것이 좋아 자꾸 작게 만들게 돼요."라고 말씀하셨다.

선생님의 목공은 조용하고 느리며 쇠의 간섭을 최소화한다. 나무의 형태를 살려서 톱질하고, 끌로 구멍을 파내고, 나무와 나무를 깎아서 서로 끼우고, 아무것도 칠하지 않는다. 선생님께서 만드신 물건에는 완강한 직선이 없다. 모든 모서리가 둥글둥글하고 곳곳에 옹이도 많고 빈틈도 많다. 나무를 굴복시켜 강제로 형태를 바꾸는 것이 아니라, 타고난 나무의 성질을 살리고 드러낸다.

반면 내가 하는 목공은 매 단계마다 쇠의 힘을 빌리느라 고속과 선생님의 탁자는 모서리가 둥글고 옹이와 빈틈이 많다. 선생님께서 나무를 만져 물건을 만드시는 건 벗들에게 나눠 주고 싶어서다.

소나무 탁자

박달나무 탁자

감나무
+ 소나무 탁자

아래 판에 연필 글씨가 있다.
"윗판은 감나뭅니다."

굉음이 동반된다. 테이블쏘로 반듯하게 켜고, 원형톱으로 자르고, 면밀하게 맞대어 클램프로 조이고, 전동 드릴로 나사를 박고, 매끈하게 사포질하고, 표면에 바니시를 칠한다. 나는 선생님의 손길, 선생님의 속도, 선생님의 느린 시간에 대해 생각한다. "그 과정이 조용해야 되는구나 싶었어요."라는 말씀의 뜻이 사무치게 이해된다.

신경림 선생님은 전우익 선생님을 가리켜 "깊은 산속의 약초처럼 귀한 사람"이라고 하셨는데, 더없이 맞는 말씀이다. 선생님과 가까운 분들 가운데 선생님께서 직접 만드신 물건을 받지 않은 분이 드물다고 한다. 우리도 그중 하나다. 이듬해, 선생님께서 보내 주신 택배를 두 차례에 걸쳐 받았다. 하나는 감나무 탁자, 하나는 박달나무 탁자였다. 감나무 탁자는 옆판과 아래 판이 소나무이고 위 판만 감나무로 덮은 것으로, 아래 판 바닥에 선생님의 연필 글씨가 있다. "웃판은 감나뭄니다." 박달나무 탁자는 세 개의 탁자 중 가장 작고 단단하다. 목재 특유의 강인함이 탁자에 고스란히 살아 있다.

선생님께서 돌아가신 지 20년이 넘었다. 하얗게 센 머리칼, 밭고랑 같은 주름살, 청년처럼 빛나던 눈동자. 그 정정하고 꼿꼿하던 분은 거짓말처럼 가시고, 옹이 진 손마디가 남기신 물건들만 우리 곁에 남아 있다.

영희 씨의 조끼

일흔여덟 살 영희 씨는 내 친구다. 우리는 도서관이나 작은 영화관에서 곧잘 데이트를 한다. 도서관이나 영화관을 나와서는 근처 밥집에서 밥을 먹거나 고려궁지 등을 산책한다. 영희 씨는 나를 만나러 나올 때마다 보온병에 뜨거운 커피를 담고 산딸기나 단감, 수박 등을 먹기 좋게 담아 오신다. 어쩔 땐 김밥도 싸 오신다. 우리는 소풍 나온 소녀들처럼 예쁜 손수건 위에 갖가지 먹거리를 펼쳐 놓고 먹으며, 봄볕과 가을 단풍 사이를 함께 걷는다.

영희 씨는 책 읽기를 무척 좋아하신다. 도서관 가는 일은 영희 씨 삶의 낙이다. 도서관에서 박경리의 『토지』 1권을 빌려 읽다가, 이 빠진 장서들의 대출 순서를 기다릴 수 없어서 큰맘 먹고 20권 전권을 구입했다고 하신다. 『토지』 읽는 재미에 푹 빠져서 그토록 좋아하던 바느질도 제쳐 두고, 연말연시 내내 두문불출하며 20권을 한 달 만에 다 읽으셨다. 마지막 권을 덮으며 영희 씨는 "긴 여행을 마친 기분"이라고 하셨다. 『토지』 인물 사전과 방언사전까지 수시로 들춰 보며 작품 속 인물들을 촘촘히 가슴에 새겼다고 하신다. 우리 근대사를 공부하는 즐거움은 덤이었단다.

영희 씨와 한집에 사시는 어른께선 바깥나들이를 귀찮아하신다. 영희 씨는 버스 타고 혼자 도서관에 다니는 것은 괜찮지만 혼자 영화 보는 것은 영 쓸쓸하다고 하신다. 그러니 우리의 영화 데이트는 순전히 바깥어른 덕이다. 나와 영희 씨는 볼 만한 영화가 나오면 누가 먼저랄 것도 없이 서로 카톡을 날린다. 한번 본 영화라도 영희 씨가 보자 하면 나는 1초도 망설이지 않고 오케이 한다.

영희 씨는 눈물이 많다. 세월호 사건 때도 참 많이 우셨다. 영희 씨가 다니는 교회의 교인들 사이에 떠도는 세월호 가짜 뉴스들 때문에 심한 가슴앓이를 하셨다. 가슴이 터질 것 같다며 가짜 뉴스를 반박할 팩트를 달라고 하시기에 세월호 가족의 진실을 담은 기사를 정리해 보내 드렸다. 그런 일들을 겪으며 가깝다고 여겼던 몇몇과 자연스레 멀어졌다고 하신다.

영희 씨는 영화를 보면서도 잘 우신다. 〈택시운전사〉를 보면서도 울고, 〈노무현입니다〉를 보면서도 울고, 나와 함께 〈1987〉을 보면서는 처음부터 끝까지 훌쩍훌쩍 많이 우셨다. 〈1987〉을 보고 영화관을 나와 밥집으로 향하면서 영희 씨가 말씀하신다. 힘겨웠던 시절 두 아이 키우며 사는 일만도 버거웠는데, 이제 와서 보니 그때 목숨 걸고 싸웠던 사람들에게 큰 빚을 졌다고.

늙어 가며 여기저기 조금씩 고장 나고 아픈 것은 당연하게 여기신단다. 다만 눈만은, 몸을 움직이지 못하더라도 책을 읽을 눈만은 남아 있으면 좋겠다며, 그게 소원이라고 하신다. 책조차 읽지 못하게 되면 살고 싶은 마음도 별로 없을 것 같단다. 영희 씨의 소원이 꼭 이루어지기를 빌며, 나도 그 소원에 슬며시 편승한다.

남도로 내려오기 사흘 전, 영희 씨한테서 카톡이 왔다.
"안 만나 주면 이사 못 가게 할 거예요."
그렇잖아도 뵙고 가야지 마음먹고 있던 터였다. 도서관에서 영희 씨를 만났다. 교회가 끝나자마자 달려오셨단다. 새로 오신 목사님, 교우 관계 등을 이야기를 하다 단톡방에 떠도는 가짜 뉴스에 탄식하신다. 영희 씨가 내게 투정하듯 말씀하신다. "이사 가시면 이제 나는 누구랑 이런 얘길 하지요?"

밥집에서 식사를 마친 영희 씨가 이별 선물이라며 종이 가방을 내미신다. 포장을 뜯으니 잠자리 수가 놓인 청색 누빔 조끼다. 내게 주려고 기쁜 마음으로 만드셨단다. 백내장 수술 직후 침침

영희 씨가 이별 선물로 만들어 주신
잠자리 조끼. 옷을 손수 만들어 입으실 만큼
바느질 솜씨가 좋으시다.
영희 씨가 만들어 주신 모자와
주방 장갑도 잘 사용하고 있다.

9. 물려받다, 그의 인생 한 조각

한 눈으로, 이토록 앙증맞은 잠자리 수까지 놓으시다니…….

"한번 안아 봅시다."
헤어질 때 길에서 한참을 껴안았다. 돌아보고 또 돌아보며 손을 흔드시더니, 몇 걸음 더 가다가 기어코 다시 달려오셔서 "우리 사진 한 장 찍어요." 하신다.

까마득한 어른이지만 내게 조금도 말을 놓지 않으시는 분, 소녀의 감수성과 어른의 품격을 함께 지닌 분, 공부하는 여성, 이야기 할머니, 인생 선배님, 내 친구 영희 씨를 존경한다.

—

얼마 전 출간한 책의 북토크 행사가 있어 강화에 갔다가 영희 씨를 만났다. 바깥어른의 장례를 마친 직후였는데도 나를 보러 달려와 주셨다. 영희 씨는 공부를 멈추지 않는 학생의 삶을 보여 주신다. 김현아 교수의 책 『죽음을 배우는 시간』을 읽은 후, 연명 의료와 죽음에 대한 생각이 확고해지셨다고 한다. 영희 씨가 자랑스럽게 말씀하신다.
"내 나이 할머니 중에 스무 살 젊은 친구 가진 사람 있으면 나와 보라고 해요!"

고모의 목걸이

스물일곱 살에 영등포구 신길동 산동네에 셋방을 얻어 살았다. 거주지를 신길동으로 정한 것은 그곳에 고모가 계셨기 때문이다. 낯선 도시 서울에서 고모는 내게 좌표축이자 기댈 언덕이었다. 첫 자취방은 고모 집 가까이에 얻었다. 연탄 부엌이 딸린, 창문 없는 단칸방이었다. 두 번째 자취방은 두 평 남짓 되는 비좁은 단칸방이었는데, 때마침 고모 집을 개축하던 시기라 몇 달간 고모랑 함께 지냈다. 공사가 끝난 후에는 고모 집 반지하로 들어갔다. 나의 세 번째 자취방으로, 난생처음 욕실과 주방이 딸린 곳에서 살았다. 결혼 후엔 고모 집과 지척 거리에 셋집을 얻었고, 거기서 아이를 낳았다. 그러고 보니 고모 그늘에서 10여 년을 살았다.

첫 자취 살림을 시작할 때, 고모와 함께 신풍시장에 가서 지퍼로 여닫는 조립식 옷장과 철제 선반, 냄비와 주전자 등 부엌살

9. 물려받다, 그의 인생 한 조각

림을 샀다. 시장에서 산꼭대기 집까지 물건들을 옮기는데, 고모가 무겁고 부피 큰 것들만 골라서 드셨다. 아무리 내가 든다 해도 막무가내로 내 손에서 빼앗아 들고 앞장서서 달리시던 고모. 나는 번번이 고모한테 졌다. 고모가 차려 주신 밥상 앞에 앉았던 횟수는 셀 수도 없다. 혼자 살 때도, 결혼한 후에도, 고모는 틈만 나면 불러서 밥을 먹이셨다. 얼마나 푸짐하고 맛있었는지, 매번 허리띠를 풀고 포식을 했다. 아이를 낳았을 땐 미역국을 끓여 갖다 주시고, 저녁마다 공장 일을 마치고 오셔서 아이 목욕을 시켜 주셨다.

고모는 1935년에 태어나셨다. 10대에 전쟁을 겪고 20대에 고모부와 혼인하셨다. 알코올 중독에 무직자였던 남편 대신 공장에 다니고, 식당 일과 청소 일을 하며 자식 넷을 기르셨다. 주말에는 부업으로 '야매 미용'을 하셨는데 꽤 솜씨가 좋으셨다. 다섯 살 무렵, 아버지 손을 잡고 서울 고모 집에 갔을 때 고모는 마당의 간이 의자에 나를 앉히고 파마를 해 주셨다. 곱슬곱슬 인형처럼 머리를 말아 주고 흰색 벌룬 소매에 파란 플레어 치마가 연결된 앙증맞은 원피스를 입혀 주셨는데, 허리에 달린 파란 장미 장식이 마음에 꼭 들었다. 그때 찍은 사진을 지금도 가지고 있다.

고모는 50대에 첫 손자를 보셨고, 얼마 후 고모부를 간경화로

저 청순한 소녀가 우리 고모다.
이렇게 젊고 눈부신 날들이 있었던 것이다.
누구에게나.

떠나보내셨다. 70대에도 용역으로 건물 청소를 하셨을 만큼 한평생 쉬지 않고 일하셨다. 나이 팔십이 되어 더는 몸을 쓸 수 없게 되어서야 일을 멈추셨다. 고모는 고모의 하나뿐인 몸을, 한 번뿐인 인생을, 가족의 생계를 위해 기꺼이 닳도록 쓰셨다.

고모 팔순에, 아버지의 옛 사진첩에서 가려 뽑은 흑백사진들을 확대 인화해 두 권의 앨범으로 만들어 선물해 드렸다. 누렇고 빛바랜 사진, 우표 크기만큼 작은 사진, 돋보기 없이는 사람 얼굴이 분간되지 않는 단체 사진을 고해상도로 촬영해 포토샵으로 손질한 후 확대 인화했다. 까만 색지에 시기순으로 편집해 앨범에 넣어 드리니 무척 기뻐하셨다. 눈이 어두워 작은 사진 들여다보기 힘들었는데 이제 환히 잘 보인다고, 이미 세상을 떠난 분들의 얼굴을 짚으시며 눈물지으셨다.

고모가 위중하시다는 사촌 오빠의 문자를 받고, 온 가족이 함께 KTX를 타고 올라갔다. 고모는 뼈만 남을 만큼 야위셨고 눈을 뜨지 못하셨다. 호흡이 가쁘고 의식도 분명치 않았다. 침상 옆에 서서 고모께 말씀드렸다. 고생 많으셨다고. 고모 덕분에 그 시절을 살아 냈다고. 감사하고 존경하고 사랑한다고. 고모의 눈꺼풀이 계속 흔들렸다. 내 말을 듣고 계시는 게 분명했다. 이튿날, 고모는 돌아가셨다. 장례식장에서는 울지 않았다. 마음의 준비를 하기도 했고, 가시기 전에 마지막으로 뵈었다는 사실이 위안이 되었다.

내가 고모 곁에서 첫 자취를 시작했을 때 고모 나이가 쉰다섯, 지금 내 나이보다 적었다. 그때의 내겐 까마득한 어른이었고, 무엇이든 강인하게 감당하시는 게 당연해 보였는데 지금 생각하니 전혀 당연하지 않다. 나는 이 나이에도 어른 노릇을 못하고 사는데, 고모는 그 많은 짐을 지고 어찌 그리 강인할 수 있었을까. 어려운 살림에도 남편과 자식, 손자들에 더해 조카까지 받아 안아 줄 수 있었을까. 계산 없이 전면적으로 사랑해 줄 수 있었을까. 받는 것보다 주는 걸 훨씬 좋아하셨던 분. 고모에게 받은 사랑을 돌려드리고 싶지만, 영영 갚지 못하게 되었다.

장례식장에서는 울지 않았는데, 집에 돌아와 밥을 먹다가 설거지를 하다가 문득문득 눈물이 고인다. 잊고 지낸 옛 기억들이 하나둘 수면 위로 올라온다. 사진첩을 들여다보다 목이 메어 다시 덮는다. 병으로 큰고모가 일찍 돌아가시고, 이어 아버지가 돌아가시고, 삼남매 가운데 유일하게 생존해 계시던 작은고모마저 떠나시면서 한 세대의 자리가 완전히 비었다. 이제 다음 세대인 우리가 그 자리를 채우게 되었다.

젊었을 때보다 삶의 밀도가 훨씬 높다고 느낀다. 사람됨도 예전보다는 조금 나아진 듯하다. 실패도 많았지만 그만큼 배운 것

고모의 오래된 목걸이.
이 목걸이를 목에 걸고 계시던
고모의 모습이 지금도 눈에 선하다.
작은 도자기 함에 넣어 두고,
고모가 그리울 때 한 번씩 들여다본다.

도 많으니 치를 값을 치렀다고 여긴다. 예전에 고모께 몇 번 말씀드렸다. 고모처럼 나이 들고 싶다고. 고모의 넉넉한 심성을 닮지는 못했지만 어른 노릇이 무엇인지 고모께 배웠으니, 나도 좀 나아질 수 있겠지. 죽는 거야 죽음의 몫으로 남겨 두고, 남은 시간 어떻게 살 것인가에 집중해야겠다.

돌아가시기 몇 달 전 고모를 찾아뵈었을 때, 고모가 침상 머리맡의 서랍을 열어 목걸이를 하나 꺼내셨다. 초록색 옥이 박힌 오래된 금목걸이였다. 괜찮다고 사양하는 내 손을 붙잡아 목걸이를 쥐어 주신 후, 고모 손으로 내 손을 감싸 꽉 잡으셨다. 고모의 손힘이 아직도 느껴진다.

고모는 떠나시고 목걸이만 남았다. 손때 묻어 빛을 잃은 오래된 목걸이에 고모의 체온이 묻어 있다. 나는 그것을 닦지 않을 것이다.

향유의 선물

향유 님이 보내 준 택배 박스를 열 때마다 나는 설렌다. 맛있는 반찬들, 아름다운 수제품들, 예쁜 그릇들, 그녀가 날 위해 지은 옷들, 심지어 우리 고양이와 개들에게 줄 간식까지 상자마다 빼곡하다. 그녀를 안 지 20년, 셀 수 없이 많은 것을 그녀로부터 받았다. 그녀가 내게 준 것을 헤아리기란 불가능하다.

강화에 살 땐 우리 집에 오실 때마다 먹거리와 생활용품을 잔뜩 채운 종이 가방을 양손에 들고 오셨고, 우리가 농사짓고 있는 밭에 과일과 빵과 음료를 들고 나타나셨고, 향유재에 초대받아 푸짐한 저녁을 먹고 헤어질 때면 반찬과 간식과 온갖 선물이 든 가방을 내 손에 들려 주셨다. 내가 남도로 이사 온 후, 그녀의 선물은 택배 상자에 담겨서 왔다. 옷을 보내고, 음식을 보내고, 그릇을 보내고, 꽃을 보내셨다. 내 평생 한 사람에게 그토록 많은 선물을 받은 건 그녀가 유일하다.

누군가에게 뭔가를 받으면 반드시 기억하고 갚으려는 성미가 내게 있다. 빚지지 않으려는 마음, 고마움을 잊지 않으려는 태도가 몸에 밴 탓인데, 모든 집착에는 양면성이 있어서 나의 이런 태도는 내 것과 남의 것을 명확히 구분하는 결벽과도 통한다. 상대의 시간을 빼앗지 않으려는 조심성이 나의 시간을 침해받고 싶지 않은 본능과 통하듯이 말이다. 선물이 종종 빚이 되는 건 그래서다. 예전에 어느 분은 내게 선물을 주며 "세상에 공짜는 없다."는 말을 여러 번 하셨다. 나는 그에 대한 감사 표시와 보답을 행여 내 건망증과 부주의로 놓치게 될까 봐 바짝 긴장했다.

향유 님은 나를 긴장시키지 않는다. 그녀가 주는 선물은 따뜻함과 정성으로 가득 차 있다. 부담의 무게는 신기하게도 빠져 있다. 밥을 먹듯, 잠을 자듯, 안부를 묻듯 무심히 선물을 건넨다. 무엇을 주는지 굳이 설명하지 않고, 차 한 잔 따라 주듯 가볍게 건넨다. 무주상보시無住相布施, 내가 무엇을 베풀었다고 의식하지 않는 것, 보상을 바라지 않고 온전히 베푸는 것, 실익을 계산하던 사람마저 계산을 멈추게 만드는 힘. 그녀에겐 그런 힘이 있다.

발병 후 수년, 요양병원과 세브란스 병원을 오가면서도 평소처럼 이 사람 저 사람 챙기시더니, 언제부턴가 가진 물건을 정리하기 시작하셨다. 그녀가 몇 차례에 나눠 보낸 박스에는 옷과 책, 원단, 패브릭 소품들이 가득했다. 그중 한 박스에는 천으로 감싼 예쁜 찻잔 세트, 해외여행에서 수집한 버터나이프와 포크와 티스푼들, 그리고 사용 흔적이 있는 나무 티스푼 한 묶음이 앙증맞게 들어 있었다. 아픈 몸으로 챙겨 넣었을 그녀의 애착 물건들……. 눈시울이 뜨거웠다. 그녀의 인생이 내게 온 것 같아서.

지난 연말, 향유 님은 쓰러졌고 마지막 전투가 시작되었다. 그 6개월은 내 삶에서 가장 고통스러운 기간으로 기억될 것이다. 5월 하순, 그녀는 결국 떠났다. 그녀를 불로 들여보내고 승화원 대기실에 앉아 산 자와 죽은 자 사이의 거리란 얼마나 멀고도 가까운가를 생각했다.

나는 지금 그녀에게 둘러싸여 있다. 눈을 돌리면 어디에나 그녀가 있다. 주방에도, 식탁에도, 거실에도, 안방에도, 다락방에도 그녀가 있다. 나는 그녀가 준 옷을 입고, 그녀가 준 접시에 음식을 담고, 그녀가 준 차를 마시고, 그녀가 준 꽃이 핀 정원을 걷는다. 그녀가 세상에 없다는 게 거짓말 같다. 그녀가 아팠다는 것도, 그녀가 떠났다는 것도, 영화 〈트루먼 쇼〉처럼 누군가 꾸며 놓은 무대의 속임수 같다. 어디선가 불쑥 나타나서 "많이 놀랐죠? 실은 다 장난이었어요." 하며 예의 환한 웃음을 지을 것만 같다.

"당신은 헤아릴 수 없이 많은 선물을 내게 주었지만, 제 인생의 진짜 선물은 향유 님 당신이었어요. 사랑합니다."

아름다운 꽃이 놓여 있는 향유재 창가.

모쪼록, 간결하게
소비 대신 향유하는 핸드메이드 라이프

초판 1쇄 발행 2025년 12월 20일
글·그림 김혜형
펴낸이 김민하
펴낸곳 (주)마북
등록 제353-2019-000023호(2019년 10월 24일)
인천시 남동구 장아산로 174번길 15, 3층
전화 070-8744-6203 팩스 032-232-6640 이메일 mabook365@gmail.com
www.mabook.co.kr, blog.naver.com/mabook365, facebook.com/mabook365

편집 이영은 **디자인** 공미경 **인쇄·제책** 한영문화사

ISBN 979-11-981387-9-8 04810
ISBN 979-11-981387-8-1(세트)

ⓒ 김혜형, 2025
이 책은 저작권법에 따라 보호를 받는 저작물이므로
무단 전재와 무단 복제를 금하며, 이 책의 전부 혹은 일부를
사용하려면 반드시 (주)마북의 허락을 받아야 합니다.